Zu diesem Buch
Gerade Eltern, die ihre sorgende und fördernde Rolle ernst nehmen, stehen ihrer erzieherischen Aufgabe oft ratlos gegenüber. Sie wollen die Voraussetzungen dafür schaffen, daß ihr Kind zu einer psychisch stabilen, ausgeglichenen und selbständigen Persönlichkeit heranwächst, fragen sich aber verwundert, welcher Weg ist der richtige? Das «Elternbuch 4» trägt dazu bei, daß Erziehung nicht zum unlösbaren Problem oder zur lästigen Pflicht wird. Wissenschaftlich fundiert und leicht verständlich gibt es Auskunft über Stufen und Phasen der körperlichen, psychischen und kognitiven Entwicklung des Kindes, über Erziehungsziele und Erziehungsstile, über die möglichst konfliktfreie Abstimmung des Familienlebens auf die besonderen Bedürfnisse des Kindes.

Ulrich Diekmeyer, geboren 1940, Diplom-Psychologe und Pädagoge, arbeitet nach langjähriger wissenschaftlicher Tätigkeit in einem pädagogischen Institut für angewandte und wissenschaftliche Forschung als psychologischer Berater, Fortbildner und freischaffender Publizist in München.

Ulrich Diekmeyer

DAS ELTERNBUCH 4

Unser Kind im 4. Lebensjahr

Rowohlt

rororo – Mit Kindern leben

Umschlaggestaltung
Peter Wippermann / Jürgen Kaffer
(Foto: Grimmberg / The Image Bank)

Redaktionsstand: Mai 1997
102. – 105. Tausend Oktober 1997

Vollständig überarbeitete und
erweiterte Neuausgabe
Veröffentlicht im Rowohlt Taschenbuch Verlag GmbH,
Reinbek bei Hamburg, August 1992
Copyright © 1973/1992 by Ulrich Diekmeyer
Alle Rechte vorbehalten
Satz Times PostScript Linotype Library, PM 4.0
Langosch Grafik + DTP, Hamburg
Gesamtherstellung Clausen & Bosse, Leck
Printed in Germany
1490-ISBN 3 499 19123 7

Inhalt

EINFÜHRUNG

Ihr Kind entdeckt
die weitere Umwelt

Vom dritten Geburtstag an ist Ihr Kind «im vorschulischen Alter» – manchmal unzulässig abgekürzt –, ein «Vorschulkind». Diese Bezeichnung deutet an, daß sich das Kind in einem Durchgangsstadium befindet, denn sie leitet sich nicht von einer bevorzugten Tätigkeit ab, sondern von der späteren Schulzeit.

Wollte man ein treffendes Wort für die Drei- bis Fünfjährigen finden, das sich an vorherrschenden Aktivitäten orientiert, müßte man von den wesentlichen Lernfeldern in diesem Zeitabschnitt ausgehen. Dazu gehören die Initiative, die Kinder entwickeln, ihre Neugier und Forschungslust, ihre Bereitschaft, die weitere Umwelt zu erkunden, ihre Versuche, Menschen außerhalb der Familie kennenzulernen. Gleichzeitig entdecken sie weitere Anteile ihrer Individualität, sie werden noch wesentlich selbständiger und ihrer selbst bewußt.

Typisch für all diese Fortschritte ist das Erkunden, Prüfen, Erproben und Entdecken. Vielleicht sollte man die Kinder dieses Alters deshalb als «Entdecker» im weitesten Sinne bezeichnen. Dies wird auch durch die folgenden Überlegungen deutlich.

Ihr Kind hat in den ersten drei Lebensjahren in der Familie und in einer räumlich begrenzten Umwelt, zu der die Wohnung und die nähere Umgebung gehören, grundlegende Erfahrungen über sich und seine Umwelt gesammelt. Es hat Vertrauen «zu seinem engsten Kreis» entwickelt. Es weiß, an welchen «sicheren Ort» es sich bei Schwierigkeiten zurückziehen kann.

Mit diesen Voraussetzungen begibt es sich nun selbständiger in die weitere Umwelt, so auch in den Kindergarten. Menschen und Sachen, die ihm begegnen, werden «getestet» und bewertet, ihre «Eigengesetzlichkeit» erkundet.

Die wesentliche Aufgabe der Eltern und Erzieher liegt in dieser Zeit darin, dem Kind die besten Voraussetzungen für das Entdecken zu schaffen, seine Unternehmungslust zu fördern und es für gelungene Aktionen anzuerkennen. Gleichzeitig sollten Sie als Eltern darauf achten, daß es nicht überfordert wird. Dazu gehört, daß Sie unüberwindliche Hindernisse und Barrieren beiseite räumen, es eine Umwelt erleben und erfahren lassen, die es verstehen kann, in der Zusammenhänge durchschaubar

**Ein Brunnen als idealer Treffpunkt:
Erwachsene können sich unterhalten,
Kinder spielen inzwischen mit Wasser.**

sind. Das Kind braucht Anregungen, die seine Initiative herausfordern. Sie sollten ihm so wenig wie möglich verbieten.

So lernt es mehr und mehr, daß Dinge und Abläufe im allgemeinen nach bestimmten Regeln funktionieren, die man kennen und berücksichtigen muß. Das lernt es um so leichter, wenn diese Regeln (und Zusammenhänge, in denen sie gelten oder auch nicht gelten) erklärt und Ver- und Gebote begründet werden.

Es sind nicht Forderungen, Strafen usw., die das Kind fördern. Erziehung im guten Sinn besteht vielmehr darin, dem Kind Entdeckungs- und Erfahrungsmöglichkeiten zu bieten, ihm neue Sichtweisen zu eröffnen. Dabei schult es seine kognitiven, emotionalen und sozialen Fähigkeiten. Es erlebt sich als Mittelpunkt seiner Aktivitäten.

Daneben haben Eltern und Erzieher die große Chance durch das eigene Vorbild. Daran orientiert sich das Kind ständig. Das betrifft alltägliche Gewohnheiten ebenso wie wichtige soziale Verhaltensweisen (Fairness, Verständnis, Rücksichtnahme usw.). Wenn es sie nicht bei Vater und Mutter erlebt, wird es auch nicht einsehen, warum es sich so und nicht anders verhalten soll.

Schwierigkeiten in der Übernahme von Verhaltensweisen bestehen heute allerdings in einem zentralen Lebensbereich, in der Arbeitswelt. Kinder erleben meist nur, daß der Vater oder die Mutter das Haus verlassen, um zur Arbeit zu gehen (Was ist das? Muß man da wirklich immer hingehen? – so fragt sich das Kind). Was berufliche Arbeit ist, wissen Kinder lange Zeit nicht. Die Trennung vom Leben daheim – Freizeit und Erholung – und Arbeit außerhalb wirkt sich auf die Entwicklung der Lernbereitschaft in der Vorschulzeit wenig günstig aus.

Eine grundlegende Aufgabe für die Vorschulzeit besteht deshalb darin, Kindern Arbeitsvorgänge, zunächst vor allem im Haushalt, zu zeigen und sie daran zu beteiligen. Das Kind freut sich über das, was gemeinsam entsteht, und erlebt das Gefühl, selbst «tüchtig» zu sein.

Damit erwirbt es auch Vertrauen in die eigenen Fähigkeiten. Es fühlt sich nicht mehr so abhängig von den Erwachsenen. Seine Bereitschaft, etwas zu leisten, wird geweckt. Gerade im Hinblick auf die allgemeine Situation an den Grundschulen (hohe Klassenstärken, umfangreiche Lernzielkataloge) sind diese frühen eigenen Erfahrungen wichtig.

In den drei Vorschuljahren werden weitere wichtige Grundsteine für die Zukunft gelegt. Man kann nicht erwarten, daß ein Kind in der Schule und später im Beruf Spaß an der Arbeit hat, wenn die Motivation zur Leistung in diesen drei Jahren mißglückt.

Wird es überfordert, hat es zu viele Mißerfolge. Ist es unterfordert, «verspielt» es wichtige Möglichkeiten der Selbstentfaltung. Auch wenn es unter Druck etwas leisten soll, entsteht Abneigung gegen Leistung und Arbeit.

Das Lernspielprogramm dieses Buches ist für Sie, die Eltern, als Hilfe gedacht. Es bietet Anregungen, Spiele, Aufgaben und Übungen für das ganze Jahr. Planen Sie die Lernspiele in den Tageslauf ein, so daß sie Ihrem Kind Spaß machen, daß es Erfolge und Anerkennung erlebt und seine Fortschritte erkennen kann.

Bedenken Sie jedoch, daß kein Lernprozeß gleichförmig und bei allen Kindern mit gleicher Geschwindigkeit abläuft.

Unterschiede bis zu sechs Monaten, vor allem, wenn sie sich auf einzelne Entwicklungs- und Lernbereiche beziehen, sind in diesem Alter durchaus normal.

Ist allerdings die gesamte Entwicklung verzögert, sprechen Sie sowohl mit einem Arzt als auch mit einem Kinderpsychologen darüber und bitten gegebenenfalls auch um eine genaue Untersuchung. Je früher ausgleichende Maßnahmen begonnen werden, je besser sie auf die Situation abgestimmt sind, desto eher kann eine wesentliche Verbesserung oder auch ein Ausgleich erreicht werden.

Bei einem deutlichen Entwicklungsvorsprung in einigen Bereichen sollten Sie darauf achten, daß Ihr Kind in anderen Bereichen nicht unverhältnismäßig weit zurückbleibt. Lassen Sie sich nicht zu sehr durch «Spitzen» beeindrukken, etwa im Sprechen.

Ein Kind braucht eine differenzierte Entwicklung in allen Bereichen, um jetzt und später den Anforderungen, auch den emotionalen, sozialen und motorischen, gerecht werden zu können.

Die Förderung des Kindes in allen Lernbereichen ist die Aufgabe beider Eltern. Jeder von Ihnen hat auf bestimmten Gebieten besondere pädagogische Fähigkeiten und kann dem Kind unterschiedliche Erfahrungen und Kenntnisse weitergeben. Dazu gehört auch, die Umgebung des Kindes zu gestalten oder auch umzugestalten.

Wenn das nur in geringem Umfang möglich ist, sollten Sie ergänzend ab und zu eine «wünschenswerte» Umwelt aufsuchen: Bei Freunden und Bekannten erhält Ihr Kind weitere neue Eindrücke und sammelt Erfahrungen, wie das zu Hause vielleicht nicht möglich ist.

Menschen außerhalb der Familie, Kinder, Freunde, Bekannte, aber auch Fremde können einem Kind oft in kurzer Zeit ganz neue Impulse geben oder sein Interesse für etwas wecken.

Im Mittelpunkt eines jeden Bandes der «Elternbuch»-Reihe stehen die Entwicklungsanregungen (Bände 1 bis 3) bzw. das Lernspielprogramm für das Vorschulalter (Bände 4 bis 6). Darüber hinaus werden bestimmte Themenbereiche schwerpunktartig behandelt. Sie kommen dann in den anderen Bänden kurz oder gar nicht vor. In den Bänden 3 bis 5 finden Sie folgende Schwerpunktthemen:

«Elternbuch 3»:
Ernährung des Kindes, Kinderzimmer, Sexualität, Erziehungsziele und Erziehungsstile.

«Elternbuch 4»:
Kindergarten, Elterninitiativen, Verhaltensauffälligkeiten und -störungen.

«Elternbuch 5»:
Erziehungsmethoden, Fernsehen, Kurse für Kinder, Auskunft und Hilfe in besonderen Situationen.

Nutzen Sie solche Gelegenheiten – ein Feuerwehrauto ist nicht jeden Tag zu erforschen.

Praktische Hinweise

Hier noch einige praktische Tips für den Gebrauch dieses Buches: Machen Sie es sich zur Regel, das «Elternbuch 4» mehrmals wöchentlich in die Hand zu nehmen. Lesen Sie die Kapitel, die Sie gerade besonders interessieren. Und denken Sie daran, die Entwicklungsanregungen regelmäßig durchzuführen.

Die erste Fassung der «Elternbuch»-Reihe wurde bereits in den siebziger Jahren entwickelt. Zur Konzeption hat damals Werner Kirst beigetragen, an den ersten Typoskripten waren als Mitarbeiter Beate Diele, Sylvia Erhard, Hannelore Potthof und Joanna Turbowicz beteiligt, denen an dieser Stelle vielmals gedankt sei.

Nachdem man in medizinischer und psychologischer Sicht zu neuen Erkenntnissen gelangt ist und sich die gesellschaftliche Situation, auch die Familienformen, geändert haben, wurde eine gründliche Überarbeitung und Erweiterung des «Elternbuches 4» erforderlich, die Ihnen jetzt vorliegt.

Auf die größere Differenzierung der Gesellschaft, die verschiedenen Familienformen und Regionen innerhalb des deutschen Sprachraums können wir im «Elternbuch 4» – auch aufgrund des beschränkten Raums – nicht gesondert eingehen.

Wir hoffen aber, daß die Ziele unserer Anregungen, insbesondere auch der Lernspielanregungen, wie Sie gute Rahmenbedingungen schaffen und mit Ihrem Kind in Zuwendung und Liebe am besten umgehen können, so klar dargestellt sind, daß alle Mütter und Väter sie ihrer jeweiligen Lebenssituation anpassen können.

Wenn Sie dem Autor eine wichtige Anregung geben möchten, die bei einer Neuauflage berücksichtigt werden sollte, schreiben Sie bitte an den Verlag – schon jetzt dafür herzlichen Dank!

Ein Kind gut erziehen heißt mitfühlen, mitdenken und beim Handeln von den Bedürfnissen und Möglichkeiten des Kindes ausgehen: Wenn das «Elternbuch 4» dazu beiträgt, hat es sein Ziel erreicht.

DER KÖRPER
DES KINDES

So verändert sich der Körper im vierten Lebensjahr

Körpergröße und Gewicht, Körperproportionen

Mit zunehmendem Alter wird es immer schwerer, ein verbindliches Maß für die «normale» Körpergröße und das «normale» Gewicht eines Kindes anzugeben.
Die große Schwankungsbreite entsteht durch Unterschiede im Körperbautyp (genetisch bedingt), kann aber auch durch die Ernährung und den Gesundheitszustand mitbedingt sein. Auch das Temperament und die seelische Gesundheit des Kindes spielen dabei eine Rolle.

Dennoch können Sie sich an diesen Zahlen orientieren: Jungen wachsen in diesem Jahr durchschnittlich von anfangs 97 bis auf 104 cm (8 cm mehr oder weniger liegen durchaus im Normalbereich), Mädchen sind durchschnittlich etwa 1 cm kleiner. In diesem Jahr erreichen die meisten Kinder also das Doppelte ihrer Geburtsgröße. Das Gewicht erhöht sich bei den Jungen von etwa 15 auf 17 Kilogramm. Mädchen dagegen wiegen in der Regel etwa ein halbes Kilogramm weniger.

Gewichtszunahme in diesem Alter bedeutet in der Regel keine Zunahme an Fettgewebe, sondern an Knochen und Muskelgewebe. Das Gewicht Ihres Kindes sollte maximal drei bis vier Kilogramm darüber oder darunter liegen. Da die Kinder in diesem Alter ständig in Bewegung sind, bleiben die meisten schlank (sofern keine Ernährungsfehler vorliegen).

Die Theorie, daß Kinder in bestimmten Altersabständen entweder überwiegend «in die Länge» oder «in die Breite» gehen, wird durch die Statistik nicht belegt.
Neben dem Körperbautyp (schlank, lang = ektomorph; kräftig, muskulös = mesomorph; breit, füllig = endomorph) und der anlagebedingten Konstitution (Körperkraft, Temperament, Gesundheit), die nun immer stärker das Wachstum des Kindes prägen, spielen – wie schon erwähnt – eine geeignete Ernährung und die seelische Verfassung des Kindes eine Rolle. Ruhige und ausgeglichene Kinder wachsen beispielsweise schneller als emotional belastete. Seelische Störungen haben vor allem starke Auswir-

kungen auf das Gewicht: Diese Kinder essen im Vergleich zum Energieverbrauch meistens zuviel, seltener zuwenig.

In diesem Alter ist Ihr Kind immer noch «kopflastig». Der Kopf – der am weitesten entwickelte Körperteil – bleibt verhältnismäßig groß. Er wird bis zum Ende dieses Lebensjahres fast seine endgültige Breite erreichen und später nur noch in die Länge wachsen. (Innere Organe, wie zum Beispiel das Herz, brauchen dagegen zwanzig Jahre bis zu ihrer vollen Entwicklung.) Die Stirn wird flacher, die Augäpfel vergrößern sich, der Hals streckt sich. Der Rumpf wächst gleichmäßig weiter, aber die Bauchpartie bleibt noch beherrschend.

Körperbeherrschung

Ihr Kind wird jetzt in seinen Bewegungen schneller und geschickter. Es verbessert seine Körperbeherrschung auch dann, wenn es nur scheinbar planlos herumtobt. Es ist deshalb außerordentlich wichtig, daß Sie es nicht bremsen. Außerdem kann es – wenn es sich ausgetobt hat – um so eher eine Weile beim Malen, Essen, An- oder Ausziehen stillhalten.

Folgende Fertigkeiten kann Ihr Kind in diesem Jahr erlernen oder verfeinern: geschickt auf Spielgeräten oder Bäumen klettern; von

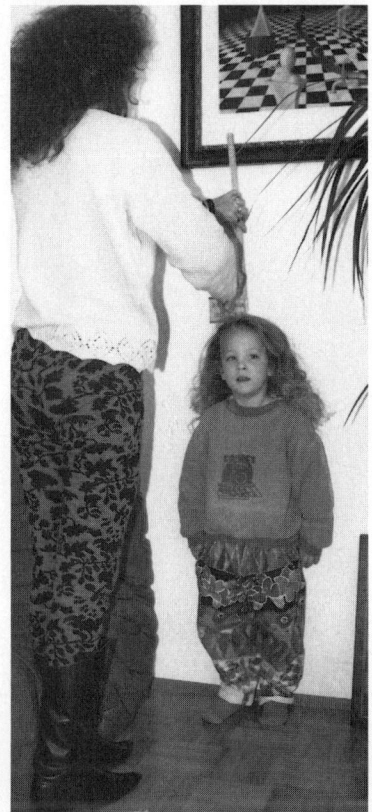

Größer zu werden, ist für Ihr Kind etwas Besonderes. Sie können die Fortschritte am Kinderzimmer-Türrahmen markieren.

30 cm Höhe herunterspringen; bis zu 80 cm weit springen (mit geschlossenen Beinen ca. 20 cm); mehrere Meter auf einem Bein hüpfen; einen Ball werfen und fangen; Dreirad oder Fahrrad (mit Seitenrädern) fahren; Brücken aus Bausteinen bauen; einfache

Herumtoben und ermattet am Boden liegen, können bei Kindern rasch abwechseln.

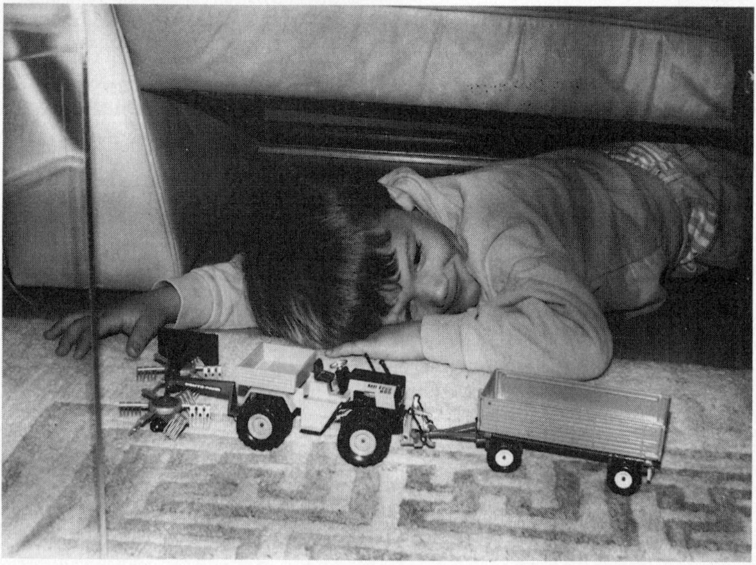

Figuren (Quadrat, Kreuz, Dreieck) nachzeichnen; selbständig essen; sich selbst an- und ausziehen.

Wichtiger Tip – Früherkennungs-Untersuchung

In der zweiten Hälfte dieses Lebensjahres ist die Früherkennungsuntersuchung (U 8) vorgesehen. Lassen Sie Ihr Kind unbedingt «rundum» untersuchen.

Die Ärztin oder der Arzt fragt insbesondere nach
– Krampfanfällen,
– der Sprachentwicklung,
– der Motorik und
– nach Verhaltensauffälligkeiten.

Sie oder er erhebt darüber hinaus folgende Befunde:

– Körpermaße (Gewicht, Längenwachstum, Körperproportionen),
– Haut (Farbe, Pigmentierung, eventuell Hautveränderungen),
– Brustorgane (Hals, Herz, Lunge),
– Bauchorgane,
– Geschlechtsorgane,
– Harn,
– Knochenbau (Schädel, Brustkorb/ Wirbelsäule, Gliedmaßen),
– Sinnesorgane (Augen, Mund, Nase, Ohren),
– Motorik und Nervensystem.

Schließlich geht es um die folgenden ergänzenden Angaben:
– Fluoridprophylaxe (Zähne),
– Durchführung der wichtigen Schutzimpfungen,
– Tuberkulinprobe,
– Zufriedenheit der Eltern mit der kindlichen Entwicklung,
– Erkrankungen oder Operationen seit der letzten Früherkennungs-Untersuchung.

Gesundheitserziehung als täglicher Spaß

Jede Krankheit bedeutet eine große Belastung für das Kind. Abgesehen von den speziellen Krankheitssymptomen wirken sich auch die allgemeinen Begleiterscheinungen einer Krankheit störend auf seine Entwicklung aus. Es wird in seinem Bewegungsdrang eingeengt, bei längerem Liegen im Bett erschlaffen seine Muskeln, es kann nicht mit anderen Kindern spielen und fühlt sich meist auch psychisch unwohl.

Richten Sie sich deshalb nach dem bekannten Motto «Vorbeugen ist besser als heilen», betreiben Sie aktive Gesundheitserziehung. Dazu gehören gesunde Ernährung, das durchschnittliche Mindestmaß an Bewegung bzw. körperlicher Aktivität und Anstrengung (und damit eines wünschenswerten Energieumsatzes) sowie Spaß und Freude. Hier finden Sie weitere wichtige Hinweise.

Die richtige Körperpflege

Bei der Körperpflege denken wir zunächst an die Haut. Sie ist ein wichtiges Schutzorgan: Hautfett und Säuremantel (Reaktion von Sekreten) schützen vor Krankheitserregern. Immunstoffe und Vitamin D – beide in der Haut enthalten – wehren Infektionskrankheiten ab. Sie dient als Wärmeregler: Bei Kälte ziehen sich die Poren in der Haut zusammen und geben dadurch wenig Wärme nach außen ab, bei Hitze öffnen sie sich.

Weiterhin speichert die Haut Fett, Wasser und Kochsalz, was beim Schwitzen wieder ausgeschieden wird. Schließlich ist sie ein wichtiges Sinnesorgan (Wärme- und Kälteempfindungen, Schmerzempfindungen, Tastsinn usw.).
- Duschen Sie Ihr Kind alle zwei bis drei Tage. Verwenden Sie eine milde, unparfümierte Seife ohne chemische Zusätze.
- Lassen Sie es ein- bis zweimal pro Woche baden (Wassertemperatur 32 bis 36 Grad). Gewöhnen Sie es allmählich daran, daß es sich zum Abschluß kalt abduschen läßt (etwa 18 bis 20 Grad sind kalt genug; das härtet ab und regt den Blutkreislauf an).
- Geben Sie Ihrem Kind täglich frische Wäsche.
- Gewöhnen Sie ihm an, zwei verschiedenfarbige Waschlappen und Handtücher zu benutzen (für «oben» und «unten»). Diese

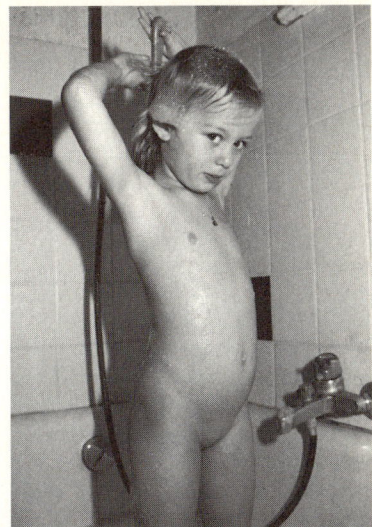

Utensilien sollten Sie zweimal in der Woche wechseln.
- Lassen Sie Ihr Kind sich in einer ausreichend geheizten Wohnung oft unbekleidet bewegen.

Neben der Haut- ist die übrige Körperpflege ebenso wichtig zur Vorbeugung gegen Krankheiten und zum allgemeinen Wohlbefinden:
- Die Haarpflege: Bürsten Sie mehrmals täglich die Haare Ihres Kindes.
- Waschen Sie sie– je nach Bedarf – zwei- bis dreimal in der Woche.
- Die Pflege der Fingernägel: Schneiden und feilen Sie einmal in der Woche die Nägel Ihres Kindes. Dabei schieben Sie auch die Nagelhaut etwas zurück. Gereinigt werden die Nägel täglich mit einer weichen Handbürste (anschließend, soweit erforderlich, mit einem Nagelreiniger – unter den Fingernägeln sammeln sich leicht Bakterien an). Wenn Sie dazu etwas erzählen, läßt Ihr Kind diese Prozedur gern über sich ergehen.
- Die Pflege der Zähne: Achten Sie darauf, daß Ihr Kind sich regelmäßig mindestens morgens und abends die Zähne putzt (möglichst auch mittags oder nach dem Lutschen oder Essen von Süßigkeiten).
Wirksam gegen Karies ist das Zähneputzen, wenn die Zähne drei Minuten lang so gebürstet werden: zuerst kreisende Bewegungen auf der Vorderseite der Zähne, weg vom Zahnfleisch, dann die Rückseite der Zähne und die Oberseite der Backenzähne. Zum Schluß wird mit Mundwasser gespült und gegurgelt. Kaufen Sie stets eine fluorhaltige Zahnpasta. Elektrische Zahnbürsten reinigen intensiver. Wenn Sie eine einfache Zahnbürste benutzen, nehmen Sie eine mit einem möglichst kleinen Bürstenkopf, damit Ihr Kind Zwischenräume erreicht.

Häufiges Daumenlutschen bedeutet eine Gefahr für das Zahnbett. Die oberen Zähne werden nach außen, die unteren Zähne nach innen gedrückt.

Ober- und Unterkiefer verformen sich, die bleibenden Zähne nehmen dann die gleiche ungünstige Stellung ein, und die Verformung muß durch das Tragen einer Spange im Schulalter wieder ausgeglichen werden.

Denken Sie auch daran, daß die Milchzähne die Platzhalter für die nächsten Zähne sind. Fallen sie vorzeitig aus, kann das zu einem Engstand des späteren Gebisses führen.

Sonne, Luft und gesundes Klima

Sonne wird Ihrem Kind immer guttun – in vernünftiger Dosierung natürlich! Sie vernichtet Bakterien, sie trägt zur Bildung von Vitamin D bei und regt die Blutgefäße an.

Setzen Sie Ihrem Kind jedoch immer einen Hut auf, wenn es

Dreirad fahren ist prima, noch besser ist es mit einem Anhänger: Die LKW-Fahrerin!

länger in der Sonne spielt. Selbstverständlich darf es auch nie bei direkter Sonnenbestrahlung einschlafen. Nutzen Sie jede Gelegenheit, um Sonnenlicht in Ihre Wohnung zu lassen. Vielleicht mögen Sie auch ab und zu die Betten in die Sonne legen.

Achtung: Die Ozonschicht, die uns vor hautkrebserregenden ultravioletten Sonnenstrahlen schützt, ist dünner geworden. Lassen Sie Ihr Kind kürzer bei Sonne spielen, und nehmen Sie eine Sonnenschutzcreme mit Faktor 12 und mehr.

Frische Luft ist wichtig für die Gesundheit. Wenn Sie in der Stadt wohnen, sollten Sie so oft wie möglich mit Ihrem Kind ins Grüne fahren und dort für viel Bewegung sorgen. Wichtig ist auch, daß das Schlafzimmer gut durchlüftet wird; das Fenster sollte nachts einen kleinen Spalt offenstehen, die Zimmertemperatur zwischen 16 und 19 Grad betragen.

Achten Sie auch schon auf die richtige Atmung bei Ihrem Kind. Durch kräftiges Atmen kann die Vitalkapazität (das ist die größte Luftmenge, die man einatmen kann) gesteigert werden. Wenn Ihr Kind einmal längere Zeit nicht herumtollen kann, sollten Sie folgendes ausgleichende Atemtraining mit ihm machen:
– Für die Brustatmung: hinstellen, die Arme nach oben strecken und dabei einatmen, anschlie-

ßend den Oberkörper beugen, die Arme hängen lassen und entspannt ausatmen.
– Für die Bauchatmung: auf den Rücken legen, die Bauchdecke nach oben drücken und einatmen, dann die Bauchdecke senken und ausatmen.

«Natürliche» Atemübungen sind auch Singen, Lachen, Blasen und Pfeifen. Über günstiges oder ungünstiges Klima lassen sich kaum generelle Aussagen machen. Was für ein Kind ein Heilklima ist, stellt für das andere ein Störklima dar.

Nur für bestimmte Krankheiten kann das günstigste Klima angegeben werden. Seeklima wirkt sich zum Beispiel günstig bei Asthma aus. Wenn Sie mit Ihrem Kind verreisen wollen, fragen Sie Ihren Hausarzt oder Ihre Ärztin, ob das Klima Ihres Reiseziels für Ihr Kind zu empfehlen ist.

Schutz vor ansteckenden Krankheiten

Sicher haben Sie Ihr Kind bereits gegen mehrere Kinderkrankheiten impfen lassen. Trotzdem besteht natürlich die Gefahr, daß es mit Krankheitserregern in Berührung kommt, gegen die es keinen Impfschutz gibt. Doch auch dagegen gibt es Abwehrmaßnahmen:
– Härten Sie Ihr Kind ab, so daß es gegen Kälte und Wärme,

Sonne und Wind weitgehend unempfindlich wird.

– Sorgen Sie für die richtige Ernährung und ausreichenden Schlaf.

– Besonders Vitamin C schützt gegen Infektionen. Es ist in größeren Mengen zum Beispiel in Paprikaschoten, Rosenkohl, Fenchelknolle, Broccoli, Meerrettich, Kiwi, Erdbeeren, Grünkohl, Blumenkohl, Rotkohl, Kohlrabi, Spinat, Feldsalat, schwarzen Johannisbeeren, Weißkraut, Zitronen, Chinakohl enthalten (Abfolge der genannten Gemüse- und Obstarten nach Vitamin-C-Gehalt: von 105 mg bis 35 mg pro 100 g eßbare Anteile).

Knochengerüst und Muskulatur

Für das Knochengerüst und die Muskulatur ist eine kalk- und vitaminreiche Kost wichtig, aber auch viel Bewegung an der frischen Luft und anschließende Entspannung.

Achten Sie immer auf die Haltung Ihres Kindes. Schuld an schlechter Haltung sind häufig Stühle, die nicht die richtige Höhe haben.

Die Füße sollten immer den Boden berühren, die Rückenlehne muß sich der Wirbelsäule anpassen. Die Matratze sollte gerade und nicht weich sein: das hilft, Verformungen der Wirbelsäule zu vermeiden, und stärkt die Rückenmuskulatur.

UMWELT

Besondere Ereignisse im Tagesablauf

Die Gestaltung der Wochentage hängt natürlich sehr von Ihrer besonderen Familiensituation ab. Versuchen Sie, Ihrem Kind verständlich zu machen, warum ein bestimmter Tagesablauf eingehalten werden muß. Es fällt ihm dann leichter, sich darauf einzustellen. Bieten Sie ihm eine gewisse Regelmäßigkeit, beharren Sie aber nicht starr darauf. Viele Bedürfnisse kann das Kind jetzt schon selbst regulieren – ob es etwa mittags schlafen will oder nicht, die Zeit des abendlichen Zubettgehens usw. Auch kurzfristigen Veränderungen und unerwarteten Situationen kann es sich nun leicht anpassen. So bekommt die Familie insgesamt wieder einen größeren Bewegungsspielraum.

♦ Lernspielprogramm: Es sollte immer flexibel gehandhabt werden und nicht an bestimmte Tageszeiten gebunden sein. Am besten ist es, wenn die einzelnen Spiele und Übungen in Abschnitten über den Tag verteilt werden.
Natürlich sollten dabei die aktiven Phasen des Kindes genutzt werden: die Zeit nach dem Frühstück, der mittlere bis späte Nachmittag. Eine Ankündigung wie «So, jetzt wird gelernt» ist natürlich nicht motivierend: Sie würde den Charakter der Anregungen verfehlen.

Jede Starrheit im Programm sollte vermieden werden, besser ist es, spontan entstehende Situationen zu nutzen.
Geben Sie Ihrem Kind täglich Anregungen aus dem Lernspielprogramm. Achten Sie aber darauf, daß Sie es nicht überfordern, und stören Sie es nicht, wenn es sich gerade gut selbst beschäftigt.

♦ Fernsehen: Bei vielen Kindern gehört jetzt auch das Fernsehen zum Tagesablauf. In diesem Alter sollte allerdings nicht länger als eine halbe Stunde pro Tag ferngesehen werden. Die Eltern müssen dabei sein, denn ohne ihre Erklärungen wird das Kind nur verwirrt und kann keine Ordnung in den Ablauf der Bilder bringen.
Oft versteht es die Geschichten erst, wenn sie im anschließenden Gespräch noch einmal rekonstruiert werden. Es sollte auch nur Sendungen ansehen, die man zuvor gezielt ausgesucht hat und die als Kindersendungen gekennzeichnet sind.

Besonders zu empfehlen ist, zunächst die für Kinder gekennzeichneten Sendungen auf Videoband aufzuzeichnen und danach zu entscheiden, ob sie für Ihr Kind eine positive Anregung sind.

♦ Zubettgehen: Vor dem Einschlafen braucht Ihr Kind unbedingt ein zärtliches Streicheln und ein liebevolles Wort, das auch unangenehme Tagesereignisse überwinden hilft und ihm das Gefühl der Geborgenheit gibt. Bei solchen Gesprächen am Bett können Mißverständnisse geklärt, Enttäuschungen verarbeitet und angestaute Gefühle aufgearbeitet werden.

Mit meinen Eltern kann ich turnen, schmusen und noch vieles mehr...

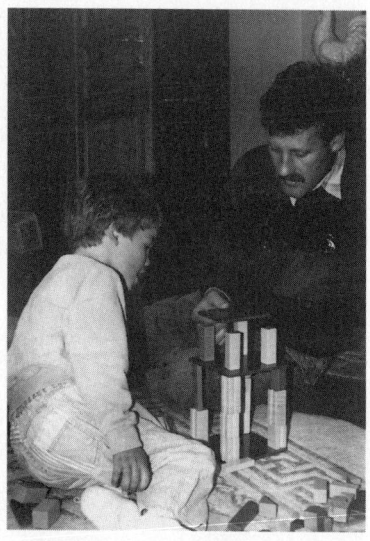

Nina schleppt unter Einsatz aller Körperkraft einen riesigen Korb.

Benedikt hat einen guten Mitspieler, den Papa.

Das muß natürlich in einer entspannten und beruhigenden Form geschehen, denn Aufregung oder heftige Worte würden das Einschlafen erschweren. Auch über den nächsten Tag kann man dann schon sprechen. Das erleichtert den «Abschied vom Tag» durch die Gewißheit, daß sich auch morgen angenehme Dinge ereignen können. Und wenn Sie ihm dann noch eine kleine Geschichte erzählen oder ein Lied vorsingen, wird Ihr Kind schnell einschlafen.

♦ Wochenende: Es sollte auch für das Kind zu einem Höhepunkt der Woche werden. Endlich haben alle Familienmitglieder Zeit füreinander, die möglichst oft zu Ausflügen in die Umgebung genutzt werden sollte. Dabei besteht dann für die Kinder die Gelegenheit, sich einmal richtig auszutoben (vielleicht können Sie gelegentlich von einer anderen Familie ein befreundetes Kind «ausleihen» – falls Ihr Kind keine Geschwister hat?).

Von einem ständigen Wechsel des Ausflugsziels ist abzuraten, weil die Kinder sonst jedesmal ein neues Terrain erobern müssen. Es versteht sich von selbst, daß Spielzeug und Geräte mitgenommen werden sollten.

Einflüsse der Umwelt
auf Ihr Kind

Die Bedeutung der Umwelt ist uns in den letzten Jahren immer bewußter geworden. Die Diskussion über Umweltschutz, über die Beeinträchtigungen und die teilweise Zerstörung der «natürlichen» Lebensbedingungen des Menschen zeigte aber nicht nur die schädigenden Einflüsse der Umwelt auf den Menschen und seine Gesundheit, sondern auch die positiven Wirkungen, die eine günstige Umwelt auf ihn ausübt.

Hier einige Aspekte, die vor allem für ein Vorschulkind zu bedenken sind.

Die Bedeutung der Umwelt für die Selbstregulation

In jeder Wohnung, jedem Kinderzimmer, auf der Straße und in den Parks ist das Kind immer wieder durch vielerlei Verbote und Gebote eingeschränkt. Auch der Erwachsene, der dem Kind möglichst viel Freiheit in der Wohnung zu lassen versucht, muß zwangsläufig viele Aktivitäten des Kindes bremsen, weil oft bei der Planung von Wohnungen Kinder nicht berücksichtigt sind, weil man bei zu dünnen Wänden die Nachbarn stört usw.

In einer «idealen» Umwelt würde das Kind mindestens stundenweise keinen solchen Beschränkungen unterliegen: es könnte sich überall absolut frei bewegen, so wie ihm das Spaß macht. Es könnte wörtlich und im übertragenen Sinn «Luft holen», seinen Körper voll einsetzen, Lebensbereiche erkunden und spielend Erfahrungen sammeln. Alle Zwänge wären abgelegt, das Kind könnte sich weitgehend als selbstbestimmt erleben.

Zugleich würde es erfahren, welche Folgen sein Verhalten hat, denn es würde sich gewissermaßen in einem Dauerexperiment mit sich und seinen Möglichkeiten befinden. Es könnte sich Ziele setzen, sie mit seinen Mitteln erreichen oder zu der Einsicht kommen, daß es ihm nicht gelingt. In solcher Umgebung würden viele Konflikte überhaupt nicht entstehen!

Freilich ist diese Form des kindlichen Selbststeuerungs- und Experimentierverhaltens kaum irgendwo möglich – nicht dort, wo hunderttausend gleich hohe Grashalme einen «englischen» Rasen bilden, nicht zwischen

säuberlich abgegrenzten Blumen-
beeten, nicht in der Nähe einer
verkehrsreichen Straße, nicht dort,
wo durch Industrie und Autos
Lärm, Schmutz und gefährliche
Abfälle entstehen, nicht in engen
Hinterhöfen oder auf dem Fußweg
vor Geschäften.

Damit Selbstregulation und
Selbsterfahrung richtig in Gang
kommen, muß das Kind aber
verschiedene «Umwelten» zur
Auswahl haben. Und sie müssen so
ausgewählt werden, daß sie allen
wichtigen Bedürfnissen entsprechen. Es muß in ihnen selbständig
handeln können.

**Ausflüge in die nähere oder weitere
Umgebung bieten vielseitige Entwick-
lungsimpulse.**

Welche wichtigen Merkmale sollte die Umwelt enthalten?

♦ Die Umwelt muß etwas zu
entdecken bieten: Das Kind muß
Überraschungen erleben können.
Ist die Umgebung vielseitig,
verschlungen, auch ein bißchen
«undurchschaubar», kann das Kind
(allein oder mit anderen Kindern)
immer wieder etwas Neues entdek-
ken:
    einen Schleichpfad, ein Versteck,
eine Baumhöhle, ein Nest, Tiere
(Käfer, Insekten, Würmer, Vögel),
Bäume und Büsche.
    Diese Umgebung muß für das
Kind aber leicht erreichbar sein,
damit es mit ihr vertraut wird,
damit es auch die «kleineren»
Überraschungen findet.

♦ In seiner Umwelt muß ein Kind etwas Neues entstehen lassen können: einen Tunnel graben, in einem Bach einen Damm oder aus Ästen eine kleine Hütte bauen. Wenn möglich, sollte es auch mit älteren Geschwistern oder Freunden Feuer machen und Kartoffeln oder Würstchen braten können.

Es setzt sich ein Ziel und versucht, es mit eigener Kraft zu verwirklichen. Es kann selbst Veränderungen herbeiführen und wird sich seiner Fähigkeiten und Grenzen bewußt. So ist es auch eher bereit, seine Fehler zu akzeptieren.

♦ Die Umwelt muß ermöglichen, Gefühle zu wecken: Gerade daß man – auch in einer bekannten Umgebung – immer wieder etwas

entdecken, erfinden oder anders machen kann, löst einen ständigen Wechsel von Spannung und Entspannung aus, von Neugier und Befriedigung, von Freude, aber auch von Unmut oder Enttäuschung.

Und auch das trägt zur Selbsterfahrung und -steuerung bei: Nach einem Mißerfolg erholt sich das Kind bei einer leichteren, selbstgestellten Aufgabe, die Erfolg und Freude mit sich bringt. Danach ist es wieder gestärkt und nimmt einen neuen Anlauf. Bei dieser freien Betätigung und Selbstregulierung gibt es einen ständigen Ausgleich verschiedenartigster Gefühle. Das gilt insbesondere dann, wenn es auch mit anderen Kindern spielt.

♦ Die Umwelt soll zugleich eine anregende Lernwelt sein: Die für die Kinder wünschenswerte Umwelt enthält durch ihre Vielseitigkeit (Wiese, Bäume, Wasser, Steine, Tiere usw.) zugleich eine Fülle von Informationen, die sich dem Kind geradezu aufdrängen.

Unzählige kleine Beobachtungen des Kindes kommen zusammen und ergeben ein Geflecht von Erfahrungen.

Außerdem wird das Kind in einer solchen Umgebung erfinderisch, vor allem, wenn ein benötigtes, «passendes» Gerät oder Hilfsmittel nicht vorhanden ist.

Ein langer Stock ersetzt einen Bogen, und mit einem kurzen Stöckchen schneidet man Gräser ab. Das Kind lernt, wie man eine kleine Feuerstelle baut, wie man gekreuzte Stäbe zum Tragen brauchen kann, welche Gräser sich zum Binden statt einer Schnur eignen usw.

♦ Die Umwelt soll einen unmittelbaren Zugang zur Welt der Erwachsenen herstellen: Es gibt auch heute noch einige Berufe, die vorwiegend im Freien ausgeübt werden und deren Tätigkeitsmerkmale für ein Kind leicht zu verstehen sind (Gärtner, Jäger, Förster, Landwirt, Holzfäller usw.). Das Kind kann zuschauen und erweitert seinen Einblick durch «Mittun».

Von da aus lassen sich Beziehungen zwischen diesen Arbeiten und zum Beispiel der Ernährung oder einzelnen Industriezweigen (Möbel-, Papierindustrie usw.) herstellen. Solche Erfahrungen erleichtern es dem Kind dann auch, die Informationen (Beschreibungen, Besichtigungen, später «Lehrfilme») über die Berufe in der arbeitsteiligen Welt und die sich daraus ergebenden sozialen Probleme aufzunehmen.

Dies ist deshalb so wichtig, weil die Kinder heute – im Gegensatz zu früher – mit vielen Berufen, vor allem den Handwerksberufen, nicht mehr selbstverständlich in Berührung kommen.

♦ Die Umwelt soll sich als Spiel- und Begegnungswelt für Kinder eignen: Wenn mehrere Kinder zusammen spielen, dabei aber in ihrer Freiheit eingeschränkt werden, so belasten diese Einschränkungen auch die Beziehungen zwischen den Kindern.

Finden die Spiele jedoch in einer Umgebung statt, wie sie in diesem Kapitel als wünschenswert geschildert wurde, kommt es zu spannungsfreieren, interessanten Kontakten. Die vielfältigen Anregungen der Umwelt führen dazu, daß jedes Kind seine Bedürfnisse zum Ausdruck bringen darf, viele Wünsche befriedigen kann und seine Fähigkeiten einsetzt.

Eine von Einschränkungen der Erwachsenen befreite Atmosphäre, in der Kinder ungezwungen spielen können, lockert die Beziehungen: Die Kinder sind dann weniger aggressiv, beharren weniger auf dem eigenen Standpunkt und können eher auf ein anderes Kind eingehen.

Ein Blick auf die Realität: Die gegenwärtige Umwelt

Kinder, die heute in Städten aufwachsen, erleben oft nur eine graue Umgebung: einen kleinen, schmutzigen Innenhof, einen gepflasterten Gehweg und eine laute Straße. Es gibt Grünflächen, die nicht von Kindern betreten werden dürfen, oder enge Höfe, in denen Ballspiele oder anderes verboten sind.

Gut haben es dagegen die Kinder, deren Eltern einen (wenn auch kleinen) Garten haben oder die auf dem Land leben.

Laut Statistik beträgt der Kindern von der öffentlichen Hand durchschnittlich zur Verfügung gestellte Spielplatz in Städten etwa dreieinhalb Quadratmeter. Pro Auto ist dagegen eine Abstellfläche von 25 Quadratmetern vorgesehen.

Ein krasses Mißverhältnis, ein Ausdruck von Kinderfeindlichkeit und ein Ausdruck der Unzulänglichkeiten unserer Demokratie, in der Kinder keine Stimme für ihre Bedürfnisse und auch keine mächtigen Vertreter haben (die Kinderbeauftragten der einzelnen Parteien und auch in einigen Kommunen versuchen dem abzuhelfen – versuchen Sie, Ihre örtlichen Anwälte der Kinder zu unterstützen!).

Vielleicht ist dies aber auch ein Zeichen dafür, daß man sich einfach viel zuwenig Gedanken macht – darüber nämlich, daß bei Kindern Entwicklungshemmungen und -verzögerungen auftreten, wenn man ihnen die für eine normale Entwicklung notwendigen Bewegungs-, Spiel-, Erfahrungs- und Erlebnisräume vorenthält.

Wie können Eltern für ihr Kind eine bessere Umwelt schaffen?

Viele berechtigte Forderungen, zum Beispiel nach Kinderspielplätzen, Vorschulerziehung, menschenwürdiger Umwelt, wurden in letzter Zeit formuliert. Das meiste davon ist immer noch nicht verwirklicht, teils, weil es an entscheidender Stelle an Einsicht fehlt, teils, weil die notwendigen Voraussetzungen, vor allem finanzieller Art, nicht vorhanden scheinen.

So bleibt den Eltern (außer der Diskussion und der ständigen Wiederholung ihrer Forderungen, was dem eigenen Kind meist nicht mehr nützt) nur die Möglichkeit, die Entwicklung ihres Kindes im Vorschulalter selbst in die Hand zu nehmen. Manches läßt sich mit Elterninitiativen erreichen (vgl. S. 48). Wenigstens innerhalb der Familie können Sie für günstige Bedingungen sorgen:
– Im Urlaub: Stress und kinder-

feindliche Atmosphäre vermeiden (besser Bauernhof als Hotel, lieber Camping als Stadtaufenthalt).

– Am Wochenende: Mindestens alle vierzehn Tage einen Ausflug durch Wald und Wiese machen.
– Wochentags zwischen Freibad, Park und Spielplatz wechseln.
– Freunde für das Kind suchen, einladen und darauf hoffen, daß andere Familien das Kind ihrerseits einladen.
– Reihenhausgärten kindgerecht gestalten: mit großem Sandkasten, in den auch Wasser geleitet werden kann, mit Büschen, hinter denen man sich verstecken kann, mit einem Zelt oder einem Häuschen für das Kind.
– Über den Gemeinderat ein öffentliches Gelände als Kinderspielplatz beantragen und die benötigten Einrichtungen in Selbsthilfe der Eltern organisieren.
– In einer Elterninitiative die Innenhöfe mehrerer Häuser zusammenlegen, sie als Grün- und Spielfläche gestalten.

Nichts ist schöner als ein Bachlauf und eine Brücke – besonders nach Sonnenuntergang!

Kindergarten heute

Der Kindergarten als vorschulische Einrichtung zur Betreuung, Erziehung und Bildung wird in der Bundesrepublik Deutschland überwiegend von Spitzenverbänden der freien Wohlfahrtspflege sowie den ihnen angeschlossenen Verbänden (zum Beispiel Deutscher Caritasverband, Diakonisches Werk, Arbeiterwohlfahrt, Deutscher Paritätischer Wohlfahrtsverband) und den Trägern der öffentlichen Kinder- und Jugendhilfe (unter anderem Kommunen) unterhalten.

Die jeweilige Verteilung ist in den Bundesländern unterschiedlich, angefangen von Bundesländern, bei denen die katholische und evangelische Kirche die größten privaten Träger sind – und das ist weithin der Fall –, bis zu den Stadtstaaten, in denen der kommunale Anteil sehr hoch ist.

Die Zuständigkeit der Ministerien in den sechzehn Bundesländern ist nicht einheitlich geregelt, obwohl die Anzahl der Bundesländer, in denen die Sozial- (und/oder Arbeits-)ministerien zuständig sind, deutlich überwiegt. Das kann insgesamt eher als ein Nachteil betrachtet werden – die Tendenz, der Betreuung und Aufbewahrung einen höheren Stellenwert einzuräumen vor Zielen der Erziehung und Bildung, ist aus der Perspektive der Erwachsenen entstanden: Sie benötigen eine Betreuung der Kinder, während sie einer Berufstätigkeit nachgehen.

Aus der Perspektive des Kindes geht es hauptsächlich um Anregung und Förderung – und dies ist in einem Bundesland, das den Kindergarten dem Kultus- oder Bildungsministerium zuordnet, zunächst einmal eher gewährleistet.

Selbstverständlich drängt sich beim Kleinstkind zunächst der Eindruck auf, es gehe vorrangig um Betreuung (Körperpflege, Ernährung, Wärme, Sicherheit usw.). Tatsächlich sind schon vom ersten Lebenstag an die Kommunikation zwischen Kind und Erwachsenem, Empathie, Hör- und Sprechanreize usw. als notwendige Entwicklungsanregungen erforderlich. (Ein Nachteil der Zuordnung dieses Bereichs, also von Kleinstkind-Kindergärten, Krippen, Kindergärten zum Kultusbereich ist, daß die «Kindergärten» das «letzte» Glied der Bildungsinstitutionen hinsichtlich Prestige, Einschätzung und Wertschätzung sind im Vergleich zu Gymnasien, Realschulen, Berufsschulen und Volksschulen, obwohl sie sachlich die «höchstrangigen» sein müßten.)

Kindergartenpädagogik im Wandel

Die Zielsetzungen des Kindergartens sind in den vergangenen Jahrzehnten deutlich verändert worden.

Zu den traditionellen Aufgaben des sozialen Lernens und der emotional-affektiven Entwicklung kam vor allem die Förderung des kognitiven Lernbereichs.

Die Neuorientierung erfuhr der Bereich des Kindergartens unter anderem durch den Strukturplan für das Bildungswesen, der 1970 von der Bildungskommission des Bildungsrates erarbeitet wurde. Dem Kindergarten wurde die Aufgabe übertragen, die erste Stufe des Bildungswesens zu bilden (vgl. oben).

Obst im Kindergarten schmeckt gut – weil andere mitessen.

Darüber hinaus wurde der Ausbau des Kindergartenwesens empfohlen mit einer Besuchsquote von 80 Prozent für die fünfjährigen Kinder, die 1980 erreicht werden sollte (das ist 1992 in den meisten Bundesländern der Fall).

Eine weitere Welle der Innovation des Kindergartens folgte in den Jahren zwischen 1973 und 1985. Es wurden verschiedene große Modellversuche und Projekte durch das Bundesministerium für Bildung und Wissenschaft in allen Bundesländern gefördert, so daß der Kindergarten einen hohen Stellenwert in der öffentlichen Diskussion bekam. Fragestellungen waren besonders:
– In welchem Lebensjahr soll ein Kind in welcher Institution gefördert werden?
– Wie können deutsche und ausländische Kinder gemeinsam gefördert werden?
– Welche Möglichkeiten gibt es, nicht behinderte und behinderte Kinder gemeinsam zu erziehen?
– Wie soll die pädagogische Praxis im Kindergarten gestaltet werden? Dabei wurde vor allem der situationsorientierte Ansatz der Förderung entwickelt.

Ziele des Kindergartens heute

♦ Grundlegende Entwicklungsförderung in allen Verhaltens- und Erlebnisbereichen:

Eltern wünschen heute vielfach, daß ihr Kind einen Kindergarten besucht, weil sie dort gezielte Förderung und Erziehung erwarten, systematische Entwicklungsanregungen in diesen wichtigen Lernjahren, eine Förderung der gesamten kindlichen Persönlichkeit.

♦ Förderung des sozialen Verhaltens:
Das Zusammensein vieler Kinder, die altersmäßig nicht allzuweit auseinander sind, bietet für fast alle sozialen Lernbereiche günstige Voraussetzungen.

Es fördert partnerschaftliches Verhalten, bietet Gelegenheit, eigene Verhaltensmöglichkeiten (etwa dominierendes oder gruppenmäßiges Verhalten) zu erproben, und ermöglicht ständige Kommunikation ohne Lenkung durch Erwachsene. Bei gemeinsamen Spielen erlernt das Kind Kooperation, es erlebt die Entstehung und Bewältigung von Konflikten.

Seine Kritikfähigkeit, seine Flexibilität und Kreativität werden gefördert. Es übt sich darin, eigene Interessen auszudrücken und durchzusetzen. Gleichzeitig vergrößert sich seine Fähigkeit, mit Enttäuschungen fertig zu werden (Frustrationstoleranz), wenn manche Ziele nicht erreicht werden können.

Soziales Lernen, besonders zwischen unterschiedlich alten Kindern, wird immer wichtiger, seit die Anzahl der Einzelkinder in Familien (bezogen auf Familien mit Kindern) einen Anteil von 38 Prozent erreicht hat. «Geschwisterersatz» ist hier eine Zielsetzung, auch mit der Blickrichtung, daß das Zusammensein und -leben verschiedener Generationen erfahren und erlernt werden soll (etwas verkürzt: das achtjährige Kind ist im Verhältnis zum vierjährigen teilweise vergleichbar dem Verhältnis eines Vierzigjährigen zu einem Zwanzigjährigen).

In einem gut angeleiteten Kindergarten lernt das Kind außerdem, sich mit ausländischen Kindern, Kindern aus anderen sozialen Schichten und teils auch mit behinderten Kindern auseinanderzusetzen und sie zu verstehen. Aus dem gemeinsamen Handeln über einen längeren Zeitraum hinweg entsteht schließlich auch Solidarität unter den Kindern. Der Kindergarten bietet also günstige Voraussetzungen für verschiedene Arten und Inhalte sozialen Lernens.

Wichtig ist hier auch der Bezug zum unmittelbaren Lebensumfeld: Wenn alle Kinder des Einzugsbereichs eines Kindergartens dort tatsächlich mindestens halbtags sind, lernt jedes Kind die verschiedensten «Schichten» kennen,

Vor dem neuen, interessanten Angebot der Erzieherin gibt es eine kleine Geduldsprobe.

Kinder von Eltern der unterschiedlichsten Ausbildungsrichtungen, Kinder mit verschiedenen Stärken und Schwächen.

♦ Förderung in den «traditionellen» Bereichen der Kindergartenerziehung:
Viele traditionelle Angebote und Anregungen der Kindergärten können nach wie vor als bewährt gelten und sollten auch weiterhin angeboten werden, teilweise sollten sie allerdings aktualisiert werden, neuere Entwicklungen einschließen.

So wird das emotional-affektive Verhalten durch Musik- und Bewegungserziehung, durch Rhythmik, Tanz und Lied gefördert, weiterhin durch die ästhetische Erziehung, durch Zeichnen, Malen und Werken, durch Turnen und Sport.

Erforderlich ist, weil besondere Schwerpunkte in diesen Bereichen hinzugekommen sind, daß
– neue Texte von zeitgenössischen (und klassischen) Schriftstellern aufgenommen werden,
– große Flächen malerisch gestaltet werden, verschiedene Gestaltungsformen aufgenommen werden, ein Zusammenwirken der verschiedenen Gestaltungsarten erfolgt,

Das Spektakel an Fasching fasziniert Clown, Teufel und Indianer.

– wesentlich mehr plastische
Arbeiten einbezogen werden
(zum Beispiel große Tiere usw.),
– der Versuch unternommen wird,
die Angebote in einen größeren
Zusammenhang (auch im Sinne
des Situationsansatzes) zu
stellen, in Projekte einzubinden,
aus der Isolierung herauszuneh-
men,
– Entspannungsübungen hinzu
kommen.

Neue Materialien zum Spielen und
Lernen, Spielgeräte und Musikin-
strumente zeigen einen Wandel an.
So finden sich jetzt auch wieder
mehr gute Lernspiele in der
Spielwarenbranche, die auch im
Kindergarten eingesetzt werden
sollten.

♦ Förderung des kognitiven
Verhaltens:
Was in der breiten Öffentlichkeit
1966 als Ruf nach dem Lesenlernen
im Kindergarten verstanden wurde,
war der Versuch der Initiatoren,
eine breite, grundlegende vorschulische Begabungsförderung für alle
Kinder zu erreichen.

In der Folge zeigte sich, daß nach
wie vor im Kindergarten bestimmte, eher schulische Inhalte abgelehnt wurden und werden: Lesen
im Kindergarten gilt immer noch
als Tabu, und auch Angebote im
mathematischen Bereich werden
als verfrüht eingeschätzt.

Fairerweise sollte beim histori-
schen Rückblick auf diese Phase
vorschulischer Erziehung darauf

hingewiesen werden, daß H. R.
Lückert, einer der Initiatoren
dieser Bewegung, immer von einer
breiten basalen Bildungsförderung
für das Kleinkind gesprochen hat
und daß das Lesenlernen für ihn
nur einen Argumentationsweg der
öffentlichen Diskussion für diesen
Bereich darstellte.

Besonders bei der Einschätzung
des Lesenlernens im Kindergarten
spielt eine Rolle, daß Kinder nach
dem Wunsch der Schule mit
möglichst gleichen Voraussetzungen in die Grundschule eintreten
sollen.

Das erleichtert zwar die metho-
disch-didaktische Arbeit für die
Lehrer, entspricht jedoch nicht
entwicklungspsychologischen
Erkenntnissen. Es liegt eher nahe,
Kinder «gleich» zu behandeln, statt
von ihren ganz unterschiedlichen,
individuellen Voraussetzungen,
ihren Bedürfnissen, Wünschen und
Interessen auszugehen. (Manche
Kinder werden deshalb in einigen
Entwicklungsbereichen «künstlich»
gebremst – und damit auch
allgemein in ihrer Lernmotivation.)

Lernwege im Kindergarten

Kindergartenpädagogen legen mit
Recht Wert auf Lernformen, die
«nicht-schulisch» sind. Dazu gehört
vor allem das Lernen im und durch
das Spiel, das freie Angebot (im
Gegensatz zum verpflichtenden
Angebot für alle Kinder), das

Lernen mit vielseitigen Materialien.

♦ Die folgenden Erfahrungsbereiche und Aktivitäten sollten noch vermehrt in die Kindergartenarbeit aufgenommen werden:
– Kleine Kindergruppen sollten interessante und ihnen verständliche Arbeitsplätze aufsuchen. So könnte ein wenig ausgeglichen werden, daß Kinder heute nur noch selten Einblick in die Arbeit ihrer Eltern oder auch anderer Berufsgruppen haben.
– Kindergartenkinder sollten wesentlich intensiver die Einrichtungen des Stadtteils oder der Gemeinde kennenlernen mit Gesprächskontakten zu den dort Beschäftigten: zum Verständnis der verschiedenen Lebenszusammenhänge, zum Vertrautwerden mit der politischen und kirchlichen Gemeinde.
– «Außenstehende» Erwachsene sollten wesentlich häufiger in die Kindergartenarbeit einbezogen werden, um von ihren Aufgaben und Tätigkeiten zu erzählen und Kindern bestimmte Arbeitsvorgänge zu zeigen (also eine Umkehrung der obengenannten Methode).
– Mit einzelnen Kindern sollten wesentlich häufiger Projekte geplant und durchgeführt werden, die die Kinder auch selbst vorschlagen können, zum Beispiel das Projekt Krankenhaus: Wie sieht ein Krankenhaus innen aus, welche Aufgaben haben die Ärzte und das sonstige Personal dort?
– Ein anderes Projekt könnte lauten: Planen und Verwirklichen eines größeren Ausflugs (zum Beispiel auf einen Bauernhof). Dabei werden alle erforderlichen Teilschritte geplant, die Kinder wirken mit an der Planung des Ausflugs und der konkreten Vorbereitung, sie äußern sich auch nachher kritisch zur Realisierung.
– Oder die Kinder nehmen sich das Projekt «Bemalen einer größeren Wandfläche im Kindergarten» vor. Mit derartigen Projekten soll versucht werden, die Eigeninitiative und Selbstbestimmung der Kinder zu fördern. Wenn sie selbst entscheiden, was sie tun wollen, haben sie auch mehr Interesse und Spaß daran.
– Intensive Kooperation des Kindergartenteams mit den Eltern und den Kindergarten- oder Elternbeiräten: Die wenigen Elternabende reichen nicht aus, um eine gute Zusammenarbeit mit den Eltern zu sichern, und der Besuch der Sprechstunden wirkt auf einige Eltern eher abschreckend. Die gemeinsame Bildungs- und Erziehungsaufgabe setzt intensive Kommunikation zwischen allen voraus, die mit demselben Kind zu tun haben. Nur so kann auch der Kindergarten mit zum Angehen von Krisensituationen beitragen, die in Familien heute deutlicher sichtbar werden als früher

(Krankheit oder Tod von Familienmitgliedern, Ehekrisen und Scheidung, Nachscheidungsfolgen usw.).

– Eltern sollten mehr in die Arbeit mit Kindern eingebunden werden, sich bei Projekten beteiligen, vermehrt auch an der täglichen Arbeit mit den Kindern mitwirken können, sowohl um das eigene Kind in der Gruppe besser einschätzen zu können als auch, um den eigenen Maßstab an anderen Kindern allgemein zu überprüfen.

Zur Situation der Eltern

Verschiedene Gründe sind es, abgesehen von der erwünschten Förderung des Kindes im Kindergarten, die Eltern veranlassen, für ihr Kind einen Kindergartenplatz zu suchen oder auch zu erstreiten:

♦ Dazu gehören vor allem die Berufstätigkeit der Eltern oder eines Elternteils (bzw. eines Erwachsenen mit einem Vollzeit- und eines mit einem Teilzeitarbeitsplatz). Die steigende Anzahl von Alleinerziehenden ist hier besonders zu nennen, die um einen Kindergartenplatz nachfragen aufgrund der erforderlichen Berufstätigkeit, 1. der alleinerziehenden Mütter wegen einer Scheidung oder dem Tod des Mannes, 2. die Anzahl Alleinerziehender aus Überzeugung, aber

auch 3. die Anzahl alleinerziehender Männer.

♦ Berufstätigkeit von Frauen: Sie ist seit Jahren zu einem besonderen Anliegen vieler Frauen geworden wegen des Wunsches, den erlernten Beruf tatsächlich auszuüben, wegen der damit verbundenen erhöhten Anerkennung, wegen der persönlichen familiären Situation und schließlich auch, weil es aufgrund der finanziellen Situation notwendig ist.

♦ Viele Kinder wachsen ohne Geschwister auf, und dieser Nachteil kann so wenigstens teilweise durch den Kindergartenbesuch ausgeglichen werden.

♦ Die Besuchsquote liegt heute, je nach regionalen Gegebenheiten, bei 65 bis 85 Prozent, für Kinder im Jahr vor der Einschulung sogar noch höher. Auch diese Selbstverständlichkeit des Kindergartenbesuchs ist für Eltern entscheidend, ihr Kind einen Kindergarten besuchen zu lassen: Ihr Kind soll in einer Lebenssituation aufwachsen, die der anderer Kinder entspricht als einer guten Voraussetzung für die Schule und das Verständnis von anderen Menschen.

♦ Wer bekommt einen Kindergartenplatz? Nachdem Kindergartenplätze mancherorts zu einem begehrten «Artikel» geworden sind, gibt es um das knappe Angebot Verteilungskämpfe.

Die nachgewiesene Dringlichkeit bestimmt im allgemeinen die Reihenfolge. Bevorzugt werden in der Regel Kinder von berufstätigen Eltern (beide ganztags beschäftigt), Kinder von alleinerziehenden Berufstätigen, Kinder aus Familien in sozialer Notlage oder wegen dringlicher Integration. «Normale» Eltern und Kinder gehen dann manchmal leer aus.

Die Reihenfolge der Anmeldung entscheidet selten, obwohl auch dies gelegentlich ein Gesichtspunkt ist. So würden am ehesten sozial und altersmäßig gemischte Kindergruppen entstehen, die die Kindergartenarbeit erleichtern.

Rechtsanspruch auf einen Kindergartenplatz

Der Bundestag hat in einem Gesetz den Rechtsanspruch auf einen Kindergartenplatz für Kinder ab 3 Jahren beschlossen. Das Gesetz trat am 1. 1. 1996 in Kraft, wurde inzwischen allerdings mit einer Übergangsfrist bis 1. 1. 99 für Städte und Gemeinden versehen, die nicht genügend Plätze schaffen konnten. Fragen Sie deshalb in Ihrer Gemeinde danach. In einzelnen Bundesländern gibt es besondere Stichtage für den Eintritt des Anspruchs, 1996 einen Termin, 1997 zwei, 1998 drei Termine.

In einer altersgemischten Gruppe können alle Kinder etwas voneinander lernen.

Starten Sie
eine Elterninitiative

In den vergangenen Jahren haben sich immer mehr Eltern entschlossen, selbst etwas gegen den Mangel an Kindergartenplätzen und schlecht ausgerüstete Spielplätze zu unternehmen.

Den Anfang machten bereits Mitglieder der linken Studentenbewegung (ab 1968), speziell in Berlin, die «Kinderläden» einrichteten (Fernsehen, Zeitungen und Zeitschriften berichteten darüber und machten auch anderen Eltern Mut). Im folgenden finden Sie einige konkrete Tips für den Fall, daß auch Sie ungünstige Bedingungen in Ihrer Wohngegend ändern wollen.

♦ Viele Eltern können mehr erreichen als ein Elternpaar. Um gleichgesinnte Eltern zu finden, bieten sich folgende Möglichkeiten an: ein Plakat in einem Laden mit Kontaktadresse oder Treffpunkt, Gespräche mit anderen Eltern am Spielplatz, ein Anschlag im Kindergarten oder in der Gemeindeverwaltung, eine Wurfsendung oder eine Anzeige in der Tageszeitung bzw. in einem Anzeigenblatt.

♦ Entwicklung der Zielvorstellung: Bei der ersten Besprechung mit den Eltern kann gemeinsam überlegt werden, welcher Bedarf vorliegt, wie der Bedarf genauer erfaßt werden kann. Sobald dafür klare Vorstellungen entwickelt bzw. erarbeitet sind, kann der nächste Schritt folgen: Auf welche Weise läßt sich die Zielvorstellung am besten realisieren?

Die folgenden Überlegungen können dabei hilfreich sein:
– Gründung eines privaten Kindergartens: Besuchen Sie einige Privatkindergärten und bitten Sie um Hinweise, was bei der Gründung zu beachten ist. Suchen Sie eine Gruppe von Eltern, die den gemeinnützigen Verein gründet, der der Träger des privaten Kindergartens wird. Vor der Festlegung der Vereinssatzung sollten Sie mit der Gemeinde (Bürgermeister), den Kirchenverwaltungen oder den Wohlfahrtsverbänden (Arbeiterwohlfahrt, Deutscher Caritasverband, Deutsches Rotes Kreuz oder Diakonisches Werk) Gespräche wegen eventueller Zuschüsse führen.
– Gründung eines Eltern-Kinder-Spielkreises: Dabei betreuen alle Eltern abwechselnd die Kinder-

gruppe. Es sollten feste Betreu-
ungszeiten und -orte vereinbart
werden.

– Es besteht auch die Möglichkeit,
daß Eltern, die sich an der
Betreuung nicht beteiligen
können, einen Beitrag entrichten,
so daß eventuell eine zusätzliche
Betreuerin (Erzieherin mit
Erfahrung, Sozialpädagogin)
engagiert werden kann. Die
Betreuung erfolgt im übrigen
kostenlos.

Es wird eventuell gemeinsam
eine Wohnung gemietet; vielleicht stellt Ihnen auch eine der
obengenannten Organisationen
geeignete Räume zur Verfügung.

Wenn Sie einen privaten Kindergarten oder einen Eltern-Kinder-
Spielkreis gründen, sollten Sie
sich zuvor auch über den Erziehungsstil gründlich aussprechen.
Auch die Versicherungsfragen
(für Kinder, Betreuer, Einrichtungen usw.) müssen geklärt
werden.

– Aufbau und Gestaltung eines
Spielplatzes: Bei der Suche nach
einem geeigneten Grundstück
kann Ihnen die Gemeinde
eventuell helfen. Versuchen Sie
es aber auch mit Annoncen in
der Lokalzeitung. Vielleicht
findet sich eine Baulücke, die
noch einige Jahre frei bleiben

**Ein Basar mit Kinderkleidung ist auch für die Eltern eine nützliche
und lustige Abwechslung.**

wird. Über die Gemeindeverwaltung erfahren Sie Adressen von Geräteherstellern, bei denen Sie Klettergeräte, Rutsche usw. bestellen können. Viel kann von den Eltern selbst angefertigt werden (vor allem, wenn sich unter ihnen einige Handwerker befinden): Sandkästen, ein Robinsonhaus (das zugleich Schutz gegen Regen bietet), eine Toilette, Sitzgelegenheiten usw. Die Sicherheit aller dieser Einrichtungen sollte geprüft werden (zum Beispiel vom TÜV).

Der Vorteil, der mit dem Start einer Elterninitiative verbunden ist, liegt nicht nur darin, daß Ihr Kind in der Folge einen Kindergartenplatz oder eine Spielwiese hat.

Für Sie selbst können dadurch Kontakte zu anderen Eltern entstehen, Ihr Kind lernt andere Kinder kennen, Sie engagieren sich für andere: Das kann die Isolierung, in der man sich als Mutter oder Vater mit einem Kind (Einzelkind...) manchmal befindet, durchbrechen – man gewinnt also auch für sich selbst an Lebensqualität.

PSYCHISCHE ENTWICKLUNG

Was die Dreijährigen alles können

Der Beginn des Vorschulalters

In diesem Lebensjahr verliert Ihr Kind die letzten kleinkindhaften Züge im Verhalten, in der Sprache und den Bewegungen. Es hat inzwischen erfahren und erkannt, daß es ein Individuum, ein selbständiges Wesen ist.

Von jetzt an sucht es – allerdings weitgehend unbewußt – immer mehr danach, was und wie es werden will. Dabei dienen natürlich die engsten Bezugspersonen als Vorbild. Es will so werden wie sie; es identifiziert sich mit ihnen. Ihre Anerkennung und ihr Lob bedeuten ihm sehr viel. Es ist stolz darauf, schon «so groß und einsichtig» zu sein. Deshalb läßt es sich jetzt leicht auf sozial verantwortliches Verhalten hinlenken.

Außerdem ist es nun fähig zu planen, Ziele ausdauernder zu verfolgen und sich dafür auch anzustrengen. So kann es zu bewußteren Formen des Lernens und Arbeitens allein und in der Gruppe übergehen. Dabei lernt es sowohl die Zusammenarbeit als auch die Erprobung der eigenen Leistung im Wettstreit mit anderen. Man spricht deshalb vom Beginn des Vorschulalters in diesem Lebensjahr.

Die vielen «Warum-Fragen» des Kindes zeigen, daß es neues Wissen ansammeln und altes in neue Zusammenhänge bringen möchte. Es beginnt, Sachverhalte und Dinge zu durchdenken, auf die es früher rein gefühlsmäßig reagierte.

Eine weitere Voraussetzung für planvolleres Lernen ist die neue Fähigkeit des Kindes, seine Bedürfnisse für kurze Zeit zurückzustellen.

Raum- und Zeitwahrnehmung

Der sensorische Apparat des Kindes entwickelt sich in diesem Jahr bis zu seiner endgültigen Leistungsfähigkeit. Tiefen- und Entfernungssehen sind nun dem des Erwachsenen sehr ähnlich.

Dennoch gibt es Unterschiede. Sie beruhen aber nicht auf der mangelnden Fähigkeit zur differenzierten Aufnahme physikalischer Reize, sondern sie liegen auf dem Gebiet der Verarbeitung der einfließenden Informationen.

Das Kind beobachtet noch nicht nach den gleichen Gesichtspunkten wie Erwachsene. Es nimmt in erster Linie das ihm Bedeutsame wahr, weniger die «tatsächlich» wichtigen Merkmale. So ist auch sein Raumerleben anders als das der Erwachsenen.

Die vertraute Umgebung erscheint dem Kind größer als dem Erwachsenen (sein eigener kleiner Körper ist ihm dabei Bezugssystem). Sie wird noch nicht durch den ständigen Vergleich mit größeren Entfernungen relativiert. In seinem kleinen Kreis orientiert es sich aber sehr genau und bemerkt oft Dinge, die uns entgehen.

Es besitzt eine so plastische Vorstellung davon, daß es vertraute Räumlichkeiten und Wege deutlich beschreiben kann, auch wenn es sie im Augenblick gar nicht sieht. Auf eine nicht allzu große Distanz kann das Kind Abstände sehr gut einschätzen. Es hat gelernt, daß weiter entfernte Dinge zwar klein aussehen, aber in Wirklichkeit ihre Größe behalten. Das gilt allerdings nur bis zu einer Entfernung von rund fünfhundert Metern.

Aus Kinderzeichnungen läßt sich ersehen, daß Kinder noch mehrere Jahre nicht perspektivisch darstellen können. Die Größe der dargestellten Gegenstände ist von deren Bedeutung für das Kind abhängig. Es reiht sie nebeneinander auf oder staffelt sie hintereinander.

Die Orientierung auf einen «Fluchtpunkt» hin, also die perspektivische Darstellung, ist etwa vom achten Lebensjahr an möglich.

Die Zeitempfindung wird immer genauer. Im vergangenen Jahr unterschied das Kind nur zwischen Gegenwart und Nichtgegenwart. Zukunft und Vergangenheit konnte es nur vage auseinanderhalten.

Zu Beginn des vierten Lebensjahres erkennt es die Periodizität von Zeitabläufen. Es kann die Begriffe «gestern», «heute» und «morgen» bestimmten Tagen zuordnen und weiß, daß die Wochentage in einem regelmäßigen Turnus wiederkehren ebenso wie Tag und Nacht und die Jahreszeiten. Es strebt von sich aus nach einer Klärung der Zeitbegriffe und kann seine Erlebnisse schon besser nach ihrer zeitlichen Aufeinanderfolge ordnen.

Emotional bedeutsame Ereignisse (Feste wie Weihnachten und der Geburtstag, der Besuch bei den Großeltern) und die wiederkehrenden Abläufe jedes Tages helfen ihm dabei.

Allmählich begreift es, daß auch Jugend und Alter mit dem Ablauf der Zeit zusammenhängen. Es versteht, daß es einmal ein kleines Baby war und später so groß wie die Eltern sein wird. Auch mit dem Tod setzt es sich nun auseinander und bringt ihn mit einem hohen Lebensalter in Verbindung.

Die Unabänderlichkeit des Todes ist ihm nicht klar, es ängstigt sich nicht vor ihm.

Wie die Erwachsenen, so empfinden auch Kinder, allerdings in noch stärkerem Maß als jene, die angenehm verlaufende Zeit als kurz. Deshalb fällt es ihnen zum Beispiel auch so schwer, sich vom Spielplatz zu trennen. Denn sie meinen auch noch nach zwei Stunden, daß sie doch gerade erst so richtig mit dem Spielen begonnen haben.

Wenn Kinder dagegen Langeweile haben, scheint für sie die Zeit überhaupt nicht enden zu wollen. Darum werden sie rasch ungeduldig, wenn sie auf etwas warten sollen oder wenn sie untätig sein müssen.

Gedächtnis, Denken, Lernen

Die Steuerung des Denkens und Handelns gelingt dem Kind jetzt immer besser. Viele bildhafte Vorstellungen sind nun im Gedächtnis gespeichert und können willentlich reproduziert werden.

Auch an eindrucksvolle Ereignisse, die schon sehr lange zurückliegen, kann sich das Kind zum Teil bis in erstaunlich viele Einzelheiten erinnern. (Schon zu Beginn des vierten Lebensjahres beträgt die Zeitspanne der Erinnerung etwa ein Jahr.)

Das Kurzzeitgedächtnis wächst von drei auf vier Einheiten zum Ende des Jahres, das Kind kann dann zum Beispiel vier vorgesagte sinnlose Silben oder Zahlen unmittelbar danach richtig wiederholen. Im sprachlichen Lernbereich bildet es bereits «Techniken», um sich Kinderreime, Gedichte oder Märchen bewußt einzuprägen. Voraussetzung dafür ist natürlich, daß es den Inhalt interessant findet.

Bei Spielen, für die bestimmte Denkleistungen erforderlich sind, lernt es leicht. Wenn es zum Beispiel den Sinn von Farbunterscheidungen nicht einsieht, wird es dabei kaum Lernfortschritte machen. Gestaltet man die Farbübungen jedoch zu kleinen Detektiv- oder anderen Spielen um, spielt es begeistert mit und lernt «nebenbei» die Farben. Es ist immer glücklich wenn es etwas richtig rät, und löst auch schon gern einfache Rätsel.

Im vergangenen Jahr drängte das Kind noch auf eine häufige Wiederholung des Bekannten in seinem Lernverhalten, bis die Übung zur sicheren Beherrschung führte.

Doch nun ist es für alles Neue auch dann sehr aufgeschlossen, wenn dabei Umstellung und Weiterlernen erforderlich sind. Es will ständig lernen und alles wissen.

Diese Phase wird deshalb häufig auch das zweite Fragealter genannt. An die Stelle der Frage «Was ist das?» (nach dem Namen der Gegenstände) tritt nun die Frage: «Warum ist das so?»

Das Kind möchte den Grund der Dinge und ihre Zusammenhänge

Die Phasen der Alleinunterhaltung nehmen jetzt deutlich zu – diese Kinder lernen spielend.

erfassen. Dabei geht es ihm
natürlich nicht um die Anhäufung
von Wissen als Selbstzweck,
sondern um eine genauere Orientierung in seiner Umgebung. Sie
verleiht ihm Verhaltenssicherheit
und damit auch emotionale
Sicherheit.

In diesem Orientierungsbedürfnis
möchte es ernst genommen werden.
Detaillierte «wissenschaftliche»
Antworten nützen ihm allerdings
nichts.

Antworten Sie ihm so, daß es
eine Sache verständlich in sein
Weltbild einordnen kann und bei
ihm das Gefühl entsteht: «Aha! So
ist das also!» (Dies ist natürlich
keine Aufforderung zu unsinnigen
«kindgemäßen» Erklärungen, die
nur Verwirrung stiften und später
wieder umgestoßen werden müssen
– im Gegenteil: die Antworten
müssen kurz sein, das Wesentliche
beinhalten und stimmen.)

Das Kind hat nun auch eine
gewisse Distanz zu den Dingen und
möchte seinen eigenen Standpunkt
finden.

Es denkt viel nach, zieht Schluß-
folgerungen und fragt dann
manchmal etwas, das uns absurd
erscheint, wie: «Warum fließt durch
unseren Garten kein Bach?», oder:
«Warum fällt der Mond nicht vom
Himmel?» Diese Fragen sind vom
Standpunkt des Kindes gar nicht so
unlogisch. Es hat ja gelernt, daß
alles einen Sinn und Zweck hat.

Deshalb erscheinen ihm alle
Dinge absichtlich so geschaffen, wie
sie sind. Warum also «macht» man
keinen Bach im Garten?

Das Unabänderliche mancher
Erscheinungen erfaßt es nicht.
Ebenso kann es mit dem Begriff
des Zufalls noch wenig anfangen.
Neben den Fragen aus dem Bereich
der Naturwissenschaften stellt es
zunehmend auch «psychologische»
Fragen.

Es will wissen, warum die
Menschen so handeln, wie sie
handeln, welche Beweggründe sie
haben. Es denkt über Verhaltensweisen anderer Kinder nach und
fragt sich zum Beispiel, warum ein
Kind weint oder warum es ein
anderes geschlagen hat.

Auch Handlungen, die es bisher
einfach ausführte, weil sie ihm so
gezeigt wurden, werden nun
Gegenstand des Nachdenkens.
Warum gibt man sich die Hand bei
der Begrüßung? Warum ißt man
nicht vom Boden?

Bei manchen dieser Fragen
zögern wir mit der Antwort, weil
wir uns noch nie Gedanken
darüber gemacht haben. Nachdenken und Fragen sind ein Zeichen
dafür, daß das Kind auch immer
mehr verborgene Ursachen der
Tatbestände herausgliedert, statt
nur die äußeren Erscheinungen zu
beachten. Das nur Gedachte oder
Vorgestellte gewinnt an Bedeutung.

Vorstellungs- und Phantasiewelt
werden reicher und stärker mit
Gefühlen besetzt. Das zeigt sich

zum Beispiel im differenzierten Rollenspiel. So erfindet das Kind jetzt selbst Geschichten. Unbedenklich setzt es dabei Erdachtes an die Stelle der objektiven Realität.

Sprach- und Sprechentwicklung

Die Sprache übernimmt nun immer mehr die Funktionen, die sie auch beim Erwachsenen hat. Mit ihr drückt das Kind seine Bedürfnisse aus, teilt seine Erfahrungen mit, stellt seine Erlebnisse dar und bemächtigt sich seiner Umwelt.

Die Monologe, mit denen es seine Handlungen bisher begleitete, treten zurück, bald führt es seine Aktivitäten überwiegend schweigend aus. Der Denkakt muß nicht mehr laut geäußert werden. Im Übergangsstadium kann man aber das Kind manchmal vor sich hinflüstern hören.

Auch die begleitenden und erklärenden Gesten werden seltener. Früher sagte es einfach: «Das macht man so!» und führte dann den entsprechenden Handgriff vor, weil es ihn nicht beschreiben konnte.

Jetzt bemüht es sich um eine verständliche sprachliche Erklärung. Selbst aggressive Gefühle werden jetzt zunehmend durch die Sprache ausgedrückt: durch Schimpfworte.

In seinem Bemühen um verständliches und zusammenhängendes Sprechen nimmt das Kind viele neue Begriffe in seinen Wortschatz auf. Gegen Ende des Jahres beherrscht es zwischen 1200 und 2000 Wörter.

Wenn ihm ein Wort fehlt, erfindet es oft verblüffend treffende Bezeichnungen. So verwandelt es Tätigkeitswörter in Hauptwörter (zum Beispiel «Schreibe» statt Bleistift). Oder es nimmt ein vertrautes Wort und verbindet es mit einem anderen, um das Gemeinte zu verdeutlichen (zum Beispiel sagt es Auto-Haus für Garage).

Beim Satzbau bemüht sich das Kind zunehmend, grammatikalisch richtig zu sprechen. Es korrigiert sich dabei gelegentlich selbst. Seine Sätze bildet es nach ihm bereits bekannten Mustern.

Dabei unterlaufen ihm natürlich noch viele Fehler. Zu ihnen gehört die weitverbreitete Bevorzugung der «schwachen Beugung» bei Tätigkeitswörtern (zum Beispiel «gestehlt» statt «gestohlen»). Solche Formen werden noch lange beibehalten.

Beim Sprechenlernen imitiert das Kind nicht einfach den Erwachsenen. Das zeigt sich daran, daß es Sätze formulieren kann, die es nie zuvor gehört hat. Es sucht also nach Gesetzmäßigkeiten in der Sprache und wendet sie an. Viele Fehler erklären sich auch dadurch, daß das Kind Regeln anwendet, wo in der Sprache Unregelmäßigkeiten bestehen.

Im Laufe des Jahres lernt es, wichtige grammatikalische Formen wie die Beugung von Hauptwörtern (auch in der Mehrzahl) und der Tätigkeitswörter (auch in der Vergangenheit) und die Satzgliederung sicherer zu gebrauchen. Mit etwa dreieinhalb Jahren ist die Phase der Kurzsätze mit drei bis vier Wörtern abgeschlossen. Die Sätze enthalten nun sechs bis acht Wörter. Mit vier Jahren beherrscht das Kind schon sehr viele Satztypen, wenn in der Familie viel und differenziert gesprochen wird.

Emotionales und soziales Verhalten

Die Phase der trotzigen Ablehnung der elterlichen Vorschläge und Gebote wird in diesem Jahr langsam abklingen, sofern sie nicht durch ungünstige Verhaltensweisen der Eltern zu einer Dauerbelastung geworden sind.

Das Kind entdeckt, daß es nicht nur die Alternative «Entweder ich setze mich durch oder die Erwachsenen!» gibt, es sieht ein, daß ein gemeinsames Tun befriedigender ist. Das erfordert von allen Beteiligten – vor allem aber von den Eltern, die mehr Überblick und Distanz haben können – ein einsichtiges Sich-aufeinander-Einstellen, die Bereitschaft zu

Kompromissen und gelegentlich auch das Verschieben der eigenen Wünsche auf einen späteren Zeitpunkt.

Diese sozialen Leistungen werden durch die fortschreitende Sprechentwicklung, durch die Fähigkeit, Zusammenhänge zu begreifen, und durch geeignete Verhaltensmodelle in der Familie gefördert.

Das Kind gewinnt jetzt mehr Distanz zu seiner unmittelbaren Umgebung. Es wird in seinen Vorstellungen und Gefühlen durch das Denken geleitet. Danach verändert sich auch sein emotionales Verhalten. Es kann sich schon auf Dinge freuen, die in (naher) Zukunft eintreten werden.

Es ist sogar bereit, auch einmal etwas Unbefriedigendes in Kauf zu nehmen, wenn es den Nutzen oder die daraus resultierende (spätere) Befriedigung einsieht. Es erlebt Lob und Anerkennung als Zeichen der kontinuierlichen Zuneigung: «Wenn ich nicht anerkannt werde, sind die Eltern böse auf mich.»

So übernimmt es oft die Wertvorstellungen und Wünsche der Eltern auch dann, wenn sie seinen eigenen Interessen nicht entsprechen. Gleichzeitig entdeckt es aber auch, daß es durch Lügen möglicherweise einen Tadel vermeiden kann. Weil es die Werthaltungen der Erwachsenen in sich aufgenommen hat, zeigt es

Wer ist die Schmusekatze?

in diesen Fällen Schuldgefühle, es hat ein «schlechtes Gewissen».

Vor allem der gleichgeschlechtliche Elternteil ist sein Vorbild. Dies ist eine notwendige Voraussetzung zum Finden der eigenen Geschlechtsrolle.

Es möchte die Rolle des Vaters bzw. der Mutter übernehmen, auch in der sexuellen Beziehung zum anderen Elternteil. Der sich mit dem Vater identifizierende Junge «umwirbt» die Mutter, das Mädchen versucht den Vater zu «verführen».

So wird gleichzeitig der gleichgeschlechtliche Elternteil zum Rivalen. Neben die positiven Gefühlsregungen ihm gegenüber treten auch aggressive Einstellungen. Aus diesem Konflikt können schwere Schuldgefühle entstehen, wenn das Kind zurückgewiesen oder gar für seine Haltung bestraft wird (wie in unserer Gesellschaft, die sexuelle Regungen – insbesondere beim Kind – lange Zeit gänzlich negierte und auch heute noch oft unterdrückt).

Zu den Schuldgefühlen gesellen sich zeitweise Unterlegenheitsgefühle, da das Kind zwangsläufig bei seinem Werbeverhalten scheitern muß.

Wie Sie Ihrem Kind diese schwierige Situation erleichtern und ihm eine positive Einstellung zum eigenen Geschlecht vermitteln können, lesen Sie ab S. 64.

Immer öfter kommt das Kind jetzt auch ohne die Eltern aus und sucht statt dessen die Gesellschaft anderer Kinder. Ihre Freundschaft ist ihm sehr wichtig. Es kann sich leichter in eine Gruppe einfügen und mit ihr ein gemeinsames Ziel verfolgen. In der Gemeinschaft des Kindergartens erhält es jetzt viele Anregungen und erlernt neue soziale Verhaltensweisen.

Bei ihren Erkundungszügen ist Kindern nichts heilig.

Erziehungsaufgaben im vierten Lebensjahr

Streben nach Leistung und Anerkennung

Der Wunsch des Kindes nach Zuwendung verändert sich in diesem Alter deutlich. Nun genügt es ihm nicht mehr, um seiner selbst willen geliebt zu werden.

Es möchte jetzt auch wegen seiner Fähigkeiten, seiner Fertigkeiten und seines Verhaltens geschätzt werden. Es will andere beeindrucken und in seinen Anstrengungen bestätigt werden.

In dieser Phase lernt das Kind auch, wie man sich Anerkennung erwirbt. Weder Schüchternheit noch Angeberei und Clownerien sind angemessene Verhaltensweisen. Zu ehrgeizige Kinder, die ihre Erfolge auf Kosten anderer Kinder oder auf Kosten wichtiger eigener Persönlichkeitsbereiche erstreben, werden abgelehnt.

Schwer haben es auch Kinder, die ständig dominieren wollen. Sie bringen sich um jeden partnerschaftlichen Kontakt. Für die Eltern entstehen also nun ganz neue, schwierige Aufgaben. Sie müssen sich jetzt in ihr Kind hineindenken und einfühlen, um bestimmte unerwünschte Verhaltensweisen in Bahnen zu lenken, die soziales Verhalten möglich machen.

Drei- bis Vierjährige sind häufig noch übermäßig aggressiv, unrealistisch «größenwahnsinnig» und neigen zu prahlerischen Übertreibungen.

Die elterliche Lenkung darf jedoch nicht durch ständige Kritik oder gar Sanktionen geleitet sein. Das Kind spürt selbst immer wieder seine Unzulänglichkeit und leidet darunter. Es ist «geknickt», wenn es einen Fehler gemacht hat, und braucht dann tröstende, ermunternde Worte anstelle von Kritik.

So paradox es klingt: Gerade durch viel Lob wird eine realistische Selbsteinschätzung erreicht. Natürlich ist damit kein undifferenziertes Lob gemeint, das grundsätzlich alles gutheißt, was das Kind macht. Doch immer, wenn man den guten Willen spürt, sollte die Anerkennung nicht ausbleiben, denn er steht noch oft für die Tat. Es wäre falsch, hier nur das Ergebnis zu bewerten.

Das Kind entwickelt ganz von sich aus Freude an der aktiven Auseinandersetzung mit der Umwelt. Es müht sich bereitwillig mit Schwierigkeiten ab und ist sehr stolz, wenn es etwas «geschafft» hat (auch wenn es in den Augen der Erwachsenen nur unvollkommen ist).

Um diese Bereitschaft zu erhalten, braucht es jedoch ein positives Echo, ausreichende Anregungen und intensive Spielpflege. Kritik, Drängen und Ermahnungen zeigen ihm immer nur das, was es noch nicht kann, und stellen damit seine gesamte Persönlichkeit in Frage. Als Folge davon wird es seine Versuche mehr und mehr aufgeben und deshalb noch unsicherer oder gänzlich uninteressiert werden.

Die Förderung der Kreativität

Zwischen drei und viereinhalb Jahren steigern sich die kreativen Fähigkeiten auffällig. Damit werden alle Tätigkeiten besonders beliebt, bei denen das Kind seine Phantasie einsetzen kann: malen, kneten, Geschichten erfinden, gemeinsam singen, Rhythmen klatschen oder überraschende Erklärungen für bekannte Tatsachen finden.

In diesem Alter kann jede Neuerung und Neuorientierung des Kindes als ein Ausdruck kreativen Verhaltens bezeichnet werden. Die Tatsache, daß es eigene Wege im

Ein geduldiger Haushund läßt seinem Doktor genügend Übungsmöglichkeiten.

Geschlechtsspezifische Rollenzuteilungen werden früh erlernt: Lassen Sie also auch Ihre Tochter ans Steuer!

Denken und Handeln einschlägt, ist bedeutsam. Auf das Endergebnis kommt es dabei noch kaum an. Wenn es jedoch «augenfällig» ist, erleichtert das dem Kind die positive Selbsteinschätzung.

Erstgeborene und Einzelkinder sind im allgemeinen besonders kreativ. Daraus läßt sich schließen, daß für die Entwicklung der Kreativität vor allem die Zuwendung und Bestätigung durch die Erwachsenen gegenüber den Aktivitäten des Kindes entscheidend ist, nicht etwa ein umfangreiches Angebot an Spielmaterialien.

Intensives Interesse an dem, was das Kind macht, gefühlsmäßige Unterstützung und geduldiges Zuhören schaffen ihm die Möglichkeit, durch eigene Initiative und gute Einfälle seinen Handlungsspielraum zu erweitern. Wenn es in seiner Eigeninitiative unterstützt und so behandelt wird, als ob es mit einer Aufgabe selbst fertig werden könnte, arbeitet es mit mehr Ausdauer und Einsatz an der Lösung.

Dagegen wirken Kritik und zu starker Druck den schöpferischen Fähigkeiten hemmend entgegen. Das Kind muß seine Ideen aussprechen und verwirklichen können, ohne Angst vor einer «Blamage» haben zu müssen. Später kann man immer noch mit ihm darüber sprechen.

Zusätzliche Informationen und Anregungen der Eltern motivieren es zu neuen und genaueren Überlegungen. So lernt es damit auch, sich selbst zu korrigieren und richtig einzuschätzen. Seine anfangs vielleicht planlosen Phantasien werden also in der Realität verankert, ohne daß es das Gefühl des «Versagens» erleben muß.

Die Geschlechtsrolle wird bewußt

Die Mutter eines Jungen wird in diesem Jahr voraussichtlich das Versprechen hören: «Mutti, ich heirate dich, wenn ich groß bin. Den Vater brauchen wir nicht!» Und ein Mädchen verkündet vielleicht: «Vati, ich kann viel besser für dich sorgen als die Mutti!»

Das Verhalten der Kinder unterstützt ihre Worte. Jungen bestürmen die Mutter und können dabei recht «aufdringlich» werden. Der Vater wird mehr oder weniger «übersehen». Mädchen umwerben dagegen den Vater und können dabei schon sehr liebevoll, zärtlich oder auch kokett sein. Sie sind dann zur Mutter zeitweise recht «ungnädig».

Psychoanalytiker sprechen deshalb von der «ödipalen Phase» während des vierten bis fünften Lebensjahres. (In der griechischen Sage tötet König Ödipus, der von seinen Eltern als Kind ausgesetzt wurde, später seinen Vater und heiratet seine Mutter, ohne diese verwandtschaftlichen Zusammenhänge zu kennen.)

Manche Eltern reagieren irritiert auf die Heftigkeit sowohl der positiven als auch der negativen Gefühle ihres Kindes. Die Mutter wird verlegen, wenn sie die deutlich sexuelle Erregung im Ansturm ihres Sohnes spürt, und weist ihn vielleicht zu abrupt zurück.

Der Vater ist möglicherweise gekränkt über die Eifersucht und den Besitzanspruch des Sohnes an die Mutter, gerade wenn er zuvor ein besonders inniges Verhältnis zu ihm hatte. Für das Verhältnis zwischen Mutter und Tochter gilt das entsprechend mit umgekehrten Vorzeichen.

Auch das Kind ist in einer schwierigen Situation. Durch die Verstärkung der positiven Gefühle zum andersgeschlechtlichen Elternteil gerät es leicht in Konflikt mit dem gleichgeschlechtlichen.

Es ist eifersüchtig auf ihn, zugleich liebt es ihn aber. In dieser Situation entstehen leicht Schuldgefühle. Auch sein Selbstbewußtsein wird in dieser Phase beeinträchtigt, da es zwangsläufig den beneideten Partner des bewunderten Elternteils nicht ersetzen kann.

Nach einiger Zeit wird es seine Wünsche aufgeben. Dies wird erleichtert, wenn sich der Junge mit dem Vater, das Mädchen mit der Mutter sehr identifiziert: Dann kann jeder hoffen, seine Wünsche

später doch zu realisieren, wenn auch mit einem anderen Partner.

Für das Erlernen der weiblichen bzw. männlichen Rolle ist diese Zeit ausschlaggebend. Jetzt fällt eine erste Entscheidung darüber, wie zufrieden Ihr Kind später als Mann oder Frau sein wird und wie seine partnerschaftlichen Beziehungen verlaufen.

Vieles hängt davon ab, wie sehr es jetzt als Junge oder Mädchen von Ihnen akzeptiert wird. Außerdem spielt natürlich eine Rolle, wieweit der Vater oder die Mutter nachahmenswertes Vorbild ist und welches Verhältnis die Eltern zu ihrer eigenen Geschlechtsrolle haben.

Eine Mutter sollte also die Anträge ihres Sohnes nicht lächerlich machen, sondern seine «männlichen» Bemühungen unterstützen. Der Vater sollte sich in dieser Zeit ebenfalls besonders um den Jungen kümmern und die aggressiven Äußerungen tolerant entgegennehmen. So vermeidet er Schuldgefühle beim Kind.

Psychoanalytiker haben die Beobachtung gemacht, daß sich der Junge andernfalls leicht vom Vater bedroht fühlt. Das kann in diesem Alter zu «Kastrationsangst» führen: Als Strafe für seine verbotenen sexuellen Wünsche gegenüber der Mutter und die aggressiven Regungen gegenüber dem Vater fürchtet er, seinen Penis zu verlieren, der ihm jetzt besonders wichtig ist. («Scherzhafte» Drohungen dieser Art dürfen also keinesfalls geäußert werden.)

Zur Tochter sollte der Vater jetzt besonders liebevoll und zärtlich sein und sie in ihrer «Weiblichkeit» bestärken. Gleichzeitig sollte er zur Mutter für das Mädchen erkennbar freundlich und partnerschaftlich sein, damit das Mädchen auch seine spätere Frauenrolle als erstrebenswert empfindet.

Das Kind muß also seine sexuellen und zärtlichen Impulse möglichst angstfrei an den gegengeschlechtlichen Elternteil herantragen dürfen und darin akzeptiert werden. Sie sollten aber auch nicht durch zu großes Entgegenkommen zusätzlich angeregt werden.

Diese Gefahr besteht zum Beispiel bei einer Mutter, die unausgelastet oder sexuell enttäuscht ist und nun durch zuviel Intimität den Sohn übermäßig an sich bindet. Er wird so später Schwierigkeiten haben, sich einer anderen Frau zuzuwenden.

Andererseits bleibt auch eine vom Vater verzärtelte Tochter unreif und hat es schwer, später zu positiven Beziehungen zu finden. Sie bleibt immer kindlich und kann sich nicht mit reifer Sexualität einem männlichen Partner zuwenden.

Beziehungen zu anderen Kindern

Häufige und gute Kontakte zu anderen Kindern schwächen eine derartige Abhängigkeit von den Eltern ab. Das Kind strebt von sich aus nach der Gruppensituation, die Eltern sollten das in jeder Weise unterstützen. Es kann gleichzeitig mit zwei oder mehreren Kindern umgehen und sinnvoll spielen. Auch Geschwister werden oft erst jetzt wirklich interessant. Dennoch sollten die Eltern keinen Druck ausüben, um die Geschwister zum gemeinsamen Spielen zu bringen, sondern für Kontakt zu anderen Kindern sorgen. Im Kindergarten, mit Nachbarskindern und auf dem Spielplatz kann das Kind sehr vielseitige und unterschiedliche Möglichkeiten der Verständigung mit anderen kennenlernen.

**Schon zwei Kinder können sich gegenseitig zu neuen
Ideen und Streichen anstacheln.**

VERHALTENS-AUFFÄLLIGKEITEN UND -STÖRUNGEN

Auswirkungen ungünstiger Eltern-Verhaltensweisen

Das letzte Kapitel machte deutlich, wie stark das Erleben und Verhalten des Kindes durch die Eltern bzw. die Familie geprägt werden. Auffälliges Verhalten des Kindes ist somit häufig von den nächsten Bezugspersonen verursacht oder stark mitbestimmt.

Die Ursache ist in der Regel nicht in einmaligen ungünstigen (traumatischen) Erlebnissen oder Erfahrungen zu suchen. Es sind vielmehr die ausdauernden, meist kleineren Beeinträchtigungen durch ein ungünstiges Entwicklungsklima, die zu Verhaltensauffälligkeiten oder -störungen führen.

Man hat gerade in letzter Zeit wichtige Einsichten über günstige und ungünstige Erziehungspraktiken gewonnen, die den Grundstein für eine wirksame Vorbeugung gegen Verhaltensauffälligkeiten und -störungen bilden.

Allerdings führt entsprechende Aufklärung, das Wissen allein, nicht zum erwünschten Ziel. Dafür gibt es viele Gründe. Die Kluft zwischen Wissen, Einstellungen und elterlichem Handeln kann nur selten ohne Hilfestellung überbrückt werden. Man denke nur daran, wie gute Vorsätze immer wieder von der Praxis «durchkreuzt» werden.

– So rutscht beispielsweise einem durch berufliche Schwierigkeiten überreizten Vater trotz aller Liebe gelegentlich die Hand aus. Dabei weiß er genau, daß körperliche Strafen ein schlechtes Erziehungsmittel sind.
– Eine ängstliche Mutter wird ihr Kind immer wieder einengen, selbst wenn sie sich bewußtmacht, daß es eigentlich viel mit anderen Kindern herumtoben sollte.
– Sogar durch scheinbare Großzügigkeit können Eltern ihre eigene Bequemlichkeit oder gar die Vernachlässigung des Kindes kaschieren.

Mit anderen Worten: Auch die selbst gesetzten Erziehungsregeln können aus ganz verschiedenen Motiven befolgt oder nicht befolgt werden. Das Kind reagiert sowohl auf das offen sichtbare Verhalten als auch auf die dahinterliegende Einstellung.

Aber nicht nur die individuelle Persönlichkeitsstruktur der Eltern, ihre Wünsche, Bedürfnisse,

Interessen und Ängste bestimmen die «Färbung» der Erziehung. Der Psychoanalytiker H. E. Richter hat schon in einer lange zurückliegenden Arbeit (1971) auf einen zusätzlichen Aspekt aufmerksam gemacht:

Auf die Rolle, die dem Kind in der Familie zukommt, geht er unter anderem mit den folgenden Worten ein («Eltern, Kind und Neurose», S. 16): «Je mehr Eltern unter dem Druck eigener ungelöster Konflikte leiden, um so eher pflegen sie – wenn auch unbewußt – danach zu streben, dem Kind eine Rolle vorzuschreiben, die vorzugsweise ihrer eigenen Konfliktentlastung dient. Ohne sich darüber recht klar zu sein, belasten sie das Kind mit den unbewältigten Problemen ihres Lebens und hoffen, sich mit seiner Hilfe ihr Los zu erleichtern.»

Ungünstige Erziehungshaltungen

Wie Untersuchungen ergeben haben, zeigen Eltern trotz gleicher Information über geeignete Erziehungsverhaltensweisen und -stile ein unterschiedliches Verhalten dem Kind gegenüber, das durch die eigene Biographie bedingt ist:
– So ist die eine Mutter besonders streng, weil sie sich an das Vorbild der eigenen strengen Mutter hält.
– Eine andere, ebenfalls streng erzogene Mutter erzieht ihr Kind aus Protest gegen die eigenen

Kindheitserfahrungen besonders nachgiebig.

Wenn Eltern diese Beweggründe erkennen, fällt es ihnen leichter, das eigene Erziehungsverhalten immer wieder zu kontrollieren und Fehler zu vermeiden. (Bei schweren Konflikten geht das allerdings nicht ohne die Hilfe eines Therapeuten.)

Zu sehr ungünstigen Auswirkungen kommt es, wenn das Kind nicht als selbständiger Partner betrachtet wird, sondern zur Befriedigung unerfüllter Wünsche der Eltern (zum Beispiel nach Besitz, Erfolg, Prestige, Sexualität, Zärtlichkeit) mißbraucht wird oder als Zielscheibe aggressiver Impulse dient, die nicht am Ort ihrer Entstehung, zum Beispiel zwischen den Ehepartnern, ausgetragen werden.

Auch langdauernde Konflikte zwischen den Eltern bekommt das Kind zu spüren. Die Eltern sind nicht geduldig genug, beeinflussen das Kind einseitig oder gegensätzlich und verunsichern es so. Probleme dieser Art sind nicht einmal durch eine Scheidung oder durch Getrenntleben der Eltern zu lösen. (Je nach der Information, die das Kind darüber erhält, und der Haltung der Eltern zueinander, kann dies den Konflikt des Kindes intensivieren oder lockern.)

Schädliche Auswirkungen beim Kind

In vielen Untersuchungen bemüht man sich, einen Zusammenhang zwischen der schädigenden Haltung der Eltern und der Art der Störung beim Kind aufzudecken.

So untersuchte der Psychiater L. Kanner drei verschiedene Formen der Ablehnung und ihre Folgen: die offene Ablehnung, gekennzeichnet durch Vernachlässigung und strenge Strafen, den Perfektionismus («So wie es ist, kann ich das Kind vorläufig nicht lieben, ich muß sehen, daß es sich bessert!»), gekennzeichnet durch Kritik und starre Verhaltensvorschriften, sowie die übertriebene Behütung und Verwöhnung (aus Schuldgefühl oder wegen verborgener feindlicher Impulse).

Im ersten Fall fand er als Folge beim Kind Tendenzen von Aggressivität, Furcht vor der Verantwortung und Verwahrlosung. Der Perfektionismus als Erziehungshaltung untergräbt das Selbstvertrauen des Kindes und führt zu Entmutigung und zwanghaftem Verhalten. Überbehütung schließlich führt zu den bekannten Verwöhnungserscheinungen: Unselbständigkeit und Bequemlichkeit bei hohen Ansprüchen.

Im Einzelfall ist es jedoch schwer, die Auswirkungen eines bestimmten Erziehungsverhaltens genau vorauszusagen. Das liegt unter anderem daran, daß zum Erziehungsverhalten eines Elternteils (oder beider Eltern) noch eine Reihe anderer Faktoren kommen, die das Verhalten des Kindes beeinflussen.

So gibt es immer mehrere Reaktionsmöglichkeiten. Auf Ablehnung zum Beispiel können Kinder aggressiv oder auch depressiv reagieren. Beide Verhaltensweisen sind auch abwechselnd möglich. Außerdem verhalten sich Eltern selten einheitlich ablehnend oder bejahend. Sie treffen eine «Auswahl», sie mögen einige Seiten des Kindes und lehnen andere ab. Das ist zum Teil bedingt durch eigene Konflikte. Zudem werden die Eltern auch von den Verhaltens- und Reaktionsweisen des Kindes beeinflußt.

Die sogenannte Babymutter wird ihr Kleinkind gut und richtig versorgen und erst Probleme bekommen, wenn das Kind nach Selbständigkeit strebt.

Uneinheitliche Erziehungseinflüsse

Noch unübersichtlicher wird der Zusammenhang zwischen der Art der kindlichen Störung und der schädigenden Einflüsse, wenn man in Betracht zieht, daß das Kind unterschiedlichen Einflüssen durch jeden Elternteil ausgesetzt ist.

Das schafft Verwirrung beim Kind und beeinträchtigt die Entwicklung seiner Persönlichkeit. Es ist also notwendig, daß beide Eltern offen über ihre unterschiedlichen Auffassungen sprechen, sich aufeinander abstimmen und über alle grundsätzlichen Erziehungsfragen Übereinstimmung erzielen. Strenge des einen Elternteils darf nicht durch Verwöhnen des anderen ausgeglichen werden.

Ist der Vater der «strahlene Held» und weist er der Mutter eine graue Aschenputtelrolle zu, wird die Tochter Schwierigkeiten bei der Übernahme der – in ihren Augen unattraktiven – Geschlechtsrolle haben.

Partnerschaftliche Probleme sind fast vorprogrammiert, weil jeder Mann vor ihrem Vater verblaßt. In derselben Situation kann sich der Sohn so unterlegen fühlen, daß er es bald aufgibt, «ein Mann zu werden».

Eine übermächtige Mutter, die den Vater unterdrückt oder ihn von der Erziehung fernhält, verursacht ähnliche Konflikte der Rollenübernahme beim Kind.

Rollen, die das Kind schädigen

Einen weiteren wesentlichen Faktor bei der Erziehung hat – wie bereits erwähnt – der Psychoanalytiker H. E. Richter untersucht: die Rolle, die dem Kind in der Familie zugewiesen wird.

Recht häufig wird ein Kind nicht in seiner eigentlichen «Kind-Rolle» akzeptiert, weil es als «Ersatz» für einen anderen Menschen behandelt wird (Richter: «Das Kind als Substitut für einen anderen Partner»).

Das Kind soll zum Beispiel einem Elternteil die Liebe schenken, die dieser von seinen Eltern nicht bekommen hat. Oder sein Sohn wird von der Mutter als kleiner «Ehemann» betrachtet, bei dem sie jedoch keine Angst vor männlicher Aggressivität oder Sexualität haben muß. Vielleicht erinnert er sie auch an einen Rivalitätskonflikt, den sie früher mit ihrem beneideten Bruder hatte.

Weitere Rollen ergeben sich daraus, wenn das Kind einen Teil der elterlichen Persönlichkeit verwirklichen soll. Das kann sowohl eine erwünschte als auch eine abgelehnte Seite sein. Im ersten Fall soll es zum Beispiel durch Leistung, Schönheit oder Intelligenz die nicht realisierten Wünsche der Eltern verwirklichen und so ihr Selbstwertgefühl heben.

Oder es dient als Sündenbock. Die Eltern lassen es einen Teil ihrer geheimen und verpönten Wünsche ausleben und strafen es dann dafür.

Häufig kommt es auch vor, daß ein Kind gezwungen wird, Partei für den einen oder anderen Elternteil zu ergreifen (Richter: «Das Kind als umstrittener

Bundesgenosse»). Zuwendungen und Freundlichkeiten erfolgen dann, um seine «richtige» oder «falsche» Stellungnahme zu erreichen, sie gelten nicht ihm selbst.

Jedes Kind wird anders auf diese Rollenzuschreibungen reagieren. Die Skala der Möglichkeiten reicht von der unmäßigen Selbstüberschätzung bis zum depressiven Verzagtsein. Dabei «rächen» sich auch solche Rollen, die zunächst angenehm wirken, in der Schule oder noch später, wenn die Konfrontation mit der Realität unvermeidlich wird. Immer stellen sie eine Beschneidung dar, da sie die Entwicklung zur Selbständigkeit verhindern. Bei dieser Art der Rollenverteilung hat das Kind auch nie das Gefühl, um seiner selbst willen geliebt zu werden – eine starke Frustration und Beeinträchtigung des Selbstwertgefühls ist die Folge.

Eine Hilfe gegen viele dieser schädigenden Erziehungseinflüsse auf das Kind kann im gründlichen Überdenken des eigenen Erziehungsverhaltens und vor allem in einer freimütigen Diskussion mit anderen Eltern liegen, die von Zeit zu Zeit gesucht werden sollte. Sich einen «Fehler» einzugestehen, wiegt leicht im Vergleich zu möglichen Schädigungen des Kindes, die später nur noch schwer oder gar nicht mehr zu beseitigen sind.

Gewalt gegen Kinder und sexueller Mißbrauch

In den beiden vergangenen Jahren haben sich Presseberichte gehäuft, in denen Gewalt gegen Kinder (in 10 bis 16 Prozent aller Familien wird noch geschlagen; A. Engfer, 1988), insbesondere auch sexueller Mißbrauch gegen Kinder thematisiert wird.

Etwa 300 000 Fälle von Mißbrauchshandlungen gegenüber Kindern und Jugendlichen (bis achtzehn Jahren), davon ca. 90 Prozent gegenüber Mädchen, wurden im Jahre 1991 in den alten Bundesländern festgestellt. Vielfach werden sexuelle Handlungen als Zeichen der Zuneigung bei strenger Geheimhaltung von männlichen Familienangehörigen verlangt; die Folgen bei den Kindern sind unter anderem: Schuldgefühle, Schlafstörungen, psychosomatische Beschwerden. Der Täterkreis ist vielfach innerhalb der Familie oder des Verwandtenkreises zu suchen. Eine Vielzahl von Verhaltensauffälligkeiten und -störungen ist vermutlich auf diese Ursache zurückzuführen.

Kinder mußten bis zu sechsmal Erwachsene ansprechen, bis Anzeige erstattet und Abhilfe gesucht wurde.

Insofern ist dringlich, daß Sie sorgfältig auf mögliches Fehlverhalten gegenüber allen Kindern, auch gegenüber Ihrem eigenen, während seines gesamten Kindes- und Jugendalters achten.

Auffälliges Verhalten und therapeutische Hilfen

Überblick

Im vorigen Kapitel wurden ungünstige elterliche Verhaltensweisen aufgezeigt. In den nächsten Kapiteln folgen nun genauere Hinweise und Beschreibungen zu einzelnen Auffälligkeiten.

Zunächst gehen wir auf Verhaltensauffälligkeiten oder -störungen im engeren Sinn ein, die im Kindesalter auftreten können.

In einem weiteren Kapitel werden psychosomatische Störungen dargestellt, unter anderem Schlaf-, Eß- und Verdauungsstörungen sowie Störungen der Atmung und der Haut.

Es folgt ein Kapitel über Störungen des sozialen Verhaltens, gefolgt von Kapiteln zu neurotischen Fehlentwicklungen und zu Psychosen und verwandten Erscheinungen. Bei vielen Störungen dieser Art sind die körperlichen und psychischen Anteile, also die Ursachen, in der Forschung noch umstritten. Fast alle der hier geschilderten Störungen zeigen sowohl psychische als auch körperliche Symptome. Viele verlieren sich bis zum Schul- oder Jugendalter. Das heißt jedoch nicht, daß sie geringe Beachtung verdienen: Sie belasten die aktuelle Entwicklung des Kindes oft erheblich.

Therapeutische Hilfe

Bei der Beschreibung der einzelnen Verhaltensauffälligkeiten und -störungen kann es sich selbstverständlich nur um einige ausgewählte Hinweise handeln. Das gilt auch für therapeutische Hilfen.

Therapeutische Hilfe kann oft nur in der Zusammenarbeit einer Kinderärztin oder eines Kinderarztes mit einer Fachfrau oder einem Fachmann (im allgemeinen Psycholog/inn/en oder Sozialpädagog/inn/en) in einer Erziehungs- oder Familienberatungsstelle gegeben werden. Bitte bedenken Sie, daß einem Kind durch eine Behandlung, zum Beispiel eine Spieltherapie oder auch durch das Angebot einer Familientherapie, wesentlich geholfen werden kann.

Durch die Veränderung der auslösenden Bedingungen und therapeutische Maßnahmen in

einer Erziehungs- oder Familienberatungsstelle lassen sich viele
Probleme von Kindern noch
verhältnismäßig leicht beheben,
solange die Störungen nicht
verfestigt sind.
Wird der Konflikt jedoch nicht
aufgelöst, sucht er sich später
andere «Kanäle». Die körperlichen
Erscheinungen treten vielleicht
zurück und machen veränderten
Persönlichkeitsmerkmalen,
Erlebnis- und Verhaltensweisen
Platz, die einen ganzen Lebenslauf
ungünstig beeinflussen.

Bevor Sie sich entschließen, eine
Beratungsstelle aufzusuchen,
können Sie die folgenden Punkte
noch einmal für sich genau abzu-
klären versuchen und sie möglichst
auch mit Ihrem Partner besprechen:

1) Situationsanalyse:

Welche Schwierigkeiten, welche
Verhaltensauffälligkeiten, welche
Probleme sind mir bei meinem
Kind aufgefallen? Welche davon
sind Probleme eher bei meinem
Kind, welche belasten es also
selbst? Welche Probleme des
Kindes belasten jedoch eher mich
selbst oder die Familie?
Besteht das unerwünschte
Verhalten, die Schwierigkeit des
Kindes bereits einige Wochen oder
gar Monate? Kann ich damit
rechnen, daß es sich um ein
«normales» Durchgangsstadium in
der Entwicklung handelt?

2) Zielvorstellung (-analyse)

Was soll geändert werden?
Welches Verhalten sollte mein
Kind nicht mehr zeigen, welches
sollte es statt dessen entwickeln?
In welcher Beziehung steht das
unerwünschte Verhalten zu den
sonstigen Verhaltensweisen
meines Kindes? Ist es für das Kind
wichtig, ist es für mich wichtig, daß
es das erwünschte Verhalten in
nächster Zeit erreicht?

**3) Welche Wege führen zum
erwünschten Verhalten?**

Können wir/kann ich das Ziel
allein erreichen, wer kann mir
dabei helfen?
Haben wir/habe ich die verschiedenen Möglichkeiten, die
Eltern selbst zur Verfügung
stehen, versucht, lange genug
versucht, haben wir auch einmal
eine «andere Methode» nachhaltig
probiert (oder zum Beispiel
immer nur dieselbe Art von
Ermahnungen ausgesprochen?).
Ein klärender Anruf in einer
Beratungsstelle und telefonische
Hinweise können dazu beitragen,
die Dringlichkeit einer Maßnahme
und mögliche Wege zu besprechen.

**4) Entscheidung über das weitere
Vorgehen**

Nachdem Sie die verschiedenen
Schritte von 1. bis 3. gegangen
sind, sollten Sie entscheiden, auf

welche Weise Ihrem Kind geholfen werden kann.

Geht es um eine Maßnahme, die Ihr Kind allein betrifft, die auch Sie selbst, Ihren Partner, möglicherweise die gesamte Familie angeht?

Wie Sie in einem anderen Kapitel erfahren haben, können Verhaltensauffälligkeiten eines Kindes ein Hinweis darauf sein, daß ein oder mehrere Mitglieder der Familie dazu beitragen, daß dieses eine Kind (diese eine Person) Symptomträger ist und «bleibt»: Solange dieser Symptomträger unverändert die Familienspannung auf sich nimmt, besteht ein gewisser Spannungsausgleich (natürlich zuungunsten des Symptomträgers! – in diesem Fall ist das Einbeziehen aller Familienmitglieder in einer Erziehungs- oder Familienberatungsstelle erforderlich).

5) Die Hilfe aktiv annehmen

Zu diesem Zeitpunkt geht es darum, die Hilfe aktiv durchzuführen. (Ebenso selbstverständlich, wie wir bei Zahnschmerzen zum Zahnarzt gehen, sollten wir auch bereit sein, Hilfe einer Erziehungs- oder Familienberatungsstelle anzunehmen.)

6) Überprüfen, ob die Hilfe erfolgreich war

Sie prüfen nun, ob Sie das Ziel laut 2. erreicht haben: Konnte die Verhaltensauffälligkeit oder das Problem Ihres Kindes (oder der Familie) bewältigt werden? Ist eine Nachuntersuchung erforderlich?

Hilfe für andere Kinder und Familien

Selbst auf die Gefahr hin, daß Sie sich den Vorwurf der Einmischung gefallen lassen müssen, kann ein Hinweis im Bekannten- oder Verwandtenkreis sinnvoll und wichtig sein.

Es geht hier ja nicht um eine Belehrung oder Besserwisserei, sondern um das Wohl eines Kindes oder auch das einer Familie, zum Beispiel bei Gewalt innerhalb der Familie, bei Gewalt gegen Kinder, bei sexuellem Mißbrauch usw. Die umsichtige, rechtzeitige und fachmännische Hilfe dient dem Kind und kann zur Stabilisierung einer Familie wesentlich beitragen!

Verhaltensstörungen

Die anschließend beschriebenen Verhaltensstörungen werden noch häufig als Unarten eines Kindes betrachtet, obwohl man längst weiß, daß sich in ihnen innere Spannungen und Konflikte ausdrücken. Oft ist es schwer, die Motive des Kindes für ein Verhalten zu erkennen, das es trotz Ermahnungen, Versprechungen oder gar Strafen einfach nicht lassen kann. Deshalb werden hier nicht nur die äußeren Verhaltensweisen dargestellt, sondern auch mögliche Hintergründe und typische Konflikte, aus denen sich diese Störungen entwickeln können.

Falls sich die eine oder andere Verhaltensstörung (oder -auffälligkeit) über einen längeren Zeitraum beobachten läßt, sollten Sie unbedingt eine Erziehungs- oder Familienberatungsstelle aufsuchen.

Daumenlutschen

Bis zum Alter von drei Jahren ist das Daumenlutschen eine relativ normale Verhaltensweise. Das Kind lutscht zum Beispiel am Daumen, wenn es müde, hungrig oder traurig ist. Später dient das Daumenlut-schen manchen Kindern noch als Einschlafhilfe. Es hat – wie das Nuckeln am Kissenzipfel oder an einer Stoffpuppe – eine beruhigende und entspannende Wirkung. Auch das ist ganz normal.

Ungewöhnlich ist es allerdings, wenn das Kind dies stundenlang betreibt. Dann ist es ein Zeichen von Mangelerlebnissen, ein Ausweichen vor den (eventuell zu hohen) Anforderungen: Das Bedürfnis des Kindes nach körperlichem Kontakt und Geborgenheit oder nach Entspanntsein wird unter Umständen nicht genügend befriedigt (zum Beispiel weil kein/e Erwachsene/r genügend Zeit für das Kind hat oder weil sie/er nicht zärtlich sein kann).

Oft sind es gerade besonders sensible Kinder mit einem großen Bedürfnis nach Zärtlichkeit, die sich bei Angst oder Langeweile auf diese Weise von der inneren Unruhe befreien.

Eine andere Ursache des Daumenlutschens kann Angst vor geforderter Aktivität sein: Das Kind fühlt sich überfordert. Anstatt zu handeln, zieht es sich auf sich selbst zurück und bleibt passiv. Diese

Angst vor der Auseinandersetzung mit der Umwelt findet sich oft bei übermäßig behüteten Kindern oder bei Kindern, die zu sehr von Erwachsenen gelenkt und beaufsichtigt werden.

Manchmal fangen Kinder auch nach längerer Pause wieder mit dem Daumenlutschen an, wenn sie sich zum Beispiel durch die Geburt eines weiteren Geschwisters gefühlsmäßig vernachlässigt fühlen oder wenn sie längere Zeit von einer geliebten Bezugsperson getrennt sind.

Nägelbeißen

Im vierten Lebensjahr beginnen einige Kinder mit Nägelbeißen, das sie auch in der Schulzeit beibehalten. Das Knabbern dehnt sich gelegentlich bis auf die Haut rund um die Nägel und die Fingerkuppen aus. In seltenen Fällen benagen (meist intellektuell zurückgebliebene) Kinder sogar Textilien, Papier oder Möbelstücke. In Druck- und Spannungssituationen (später bei Leistungsanforderungen) verstärken sich die Symptome: Das Verhalten dient als Ventil für die angestaute Erregung.

Für diese Störung gibt es sehr verschiedene Gründe. Oft sind die Kinder in ihrem Bewegungsdrang durch die Wohnverhältnisse oder einen überängstlichen oder nervösen Elternteil stark einge-

engt. (Übrigens läßt sich eine ähnliche Reaktion auch bei Tieren beobachten, die zu lange eingesperrt worden sind: das sogenannte Krippenbeißen. Es verschwindet, sobald die Tiere genügend Auslauf bekommen.)

Es kann aber auch sein, daß sich ein Kind innerlich eingeengt und «gefesselt» fühlt. So ist das Nägelbeißen vor allem unter den besonders «braven» und übermäßig angepaßten Kindern weit verbreitet. Sie wagen es nicht, unbekümmert ihre Absichten durchzusetzen, zupackend oder auch einmal aggressiv auf ihre Umwelt loszugehen. Statt dessen richten sie die entsprechenden Impulse gegen sich selbst. Gleichzeitig versuchen sie damit, ihre Eltern zu «bestrafen».

Wenn auch mit dieser gerügten «Unart» noch starke Schuldgefühle wegen der eigenen expansiven und aggressiven Wünsche hinzukommen, wird das Nägelbeißen zum Akt der Selbstbestrafung. Daumenlutschen und Nägelknabbern treten häufig gemeinsam auf.

Haarausreißen

Sehr selten kommt es vor, daß Kinder sich durch kreisförmiges oder büschelweises Ausreißen der Haare selbst einen fast kahlen Kopf beibringen.

Häufiger kann man beobachten:

Drehen, Ziehen und unsystematisches Auszupfen kleiner Haarbüschel. Bei diesen Kindern treten meistens auch noch andere Verhaltensstörungen auf, zum Beispiel stundenlanges Daumenlutschen, Nägelbeißen, übermäßiges Onanieren oder rhythmische Schaukelbewegungen des Körpers.

Das kann darauf hinweisen, daß es sich um unerwünschte oder nicht zärtlich geliebte Kinder handelt. Sie können keinen vertrauensvollen Kontakt zur Umwelt aufnehmen. Ihre Grundstimmung ist traurig, ihr Verhältnis zum eigenen Körper schwer gestört. Es fehlten ihnen möglicherweise in der Säuglings- und Kleinkinderzeit intensive Körperkontakte durch Streicheln oder Wiegen im Arm – Verhaltensweisen, die ein positives Körpergefühl entwickeln helfen.

Ältere Kinder, die sich sprachlich gut ausdrücken können, schildern diese negativen Empfindungen: «Es ist so, als ob man gar nicht richtig vorhanden wäre!»
Durch den kleinen Schmerz, den sich das Kind beim Haarausreißen zufügt, wird dieses Gefühl durchbrochen, und somit schafft der Schmerz zugleich eine lustvolle Empfindung. In diesem Symptom drückt sich also der Zwiespalt zwischen dem starken Wunsch nach zärtlicher Anlehnung und dem Haß auf die Umwelt aus, die diese verweigert. Da es ihn auf andere Weise nicht lösen kann, bleibt ihm nur die Möglichkeit, sich mit sich selbst auseinanderzusetzen, sich «die Haare zu raufen».

Motorische Unruhe (Hyperaktivität)

Zum Vorschulalter gehören Bewegungslust und Betriebsamkeit. Von einer neurotischen Störung kann man erst sprechen, wenn sich ein Kind so verhält: Es spielt überwiegend erregt und planlos, es zappelt herum, es rutscht beim Sitzen ständig hin und her, läuft ruhelos durchs Zimmer, stößt sich an den Möbeln oder streicht mit den Händen oder dem ganzen Körper an ihnen entlang. Es wirkt dabei nicht aggressiv oder wütend, obgleich immer wieder etwas umfällt oder zerbricht.

Die Kinderpsychotherapeutin A. Dührssen vermutet hier den Versuch des Kindes, Mangelerlebnisse im Bereich der zärtlichen Zuwendung auszugleichen. Die innere Unruhe und das Bedürfnis nach Körperwärme und Aufmerksamkeit der Erwachsenen suchen sich so ein Ventil. Oft tritt das Symptom mit anderen Störungen gekoppelt auf: mit Nägelbeißen, Daumenlutschen, Onanie oder unruhigem Schlaf.
Ein anderer Erklärungsversuch, nämlich einen eindeutigen Zusammenhang zur minimalen, cerebralen Dysfunktion (MSD),

also einer frühkindlichen Störung, herzustellen, ist nicht erfolgreich gewesen.

Das unruhige Verhalten provoziert Eltern, häufig zu tadeln. Da das Kind selten ruhig ist, besteht wenig Anlaß, es dafür anzuerkennen und damit dies als ein erwünschtes Verhalten zu verstärken.

Hier zeigt sich der oft starke Zusammenhang zwischen kindlichem und (ungünstigem) Verhalten der Eltern besonders deutlich: ein Beispiel für Wechselwirkung, ja fast für einen sich ungünstig verstärkenden Kreislauf. Das Verhalten des Kindes ruft Unmut und Kritik der Eltern hervor, das Kind reagiert darauf ablehnend, die Eltern reagieren wiederum auf dieses (ablehnende) Verhalten usw.

Allerings kann auch ein angeborener Antriebsüberschuß eine Rolle spielen. Die Konfliktmöglichkeiten sind für ein hyperaktives Kind natürlich bei den üblichen (engen) Raumverhältnissen sehr groß. Erhält es einem gesteigerten Bewegungsdrang entsprechend einen besonders weiten Aktionsradius, sind ihm anschließend auch ruhige Spiele möglich. So kann einer Verhaltensauffälligkeit oder -störung entgegengewirkt werden.

Auch nervöse, ungeduldige Eltern können die Ursache der motorischen Unruhe des Kindes sein. Sie bieten kein Vorbild für entspanntes, gelassenes Verhalten. Doch diese einfache und häufigste Erklärung wird nur selten von den Eltern erkannt und akzeptiert.

Muskelzuckungen (Tics)

Ticartiges Zucken ist besonders im Bereich des Gesichts und der Schulterpartie häufig. Es handelt sich dabei um reflexhaft auftretende, unrhythmische und rasche Körperbewegungen. Bei Erregung und unter dem Druck von Anforderungen folgen sie besonders kurz hintereinander.

Im Schlaf oder bei Entspannung lassen sie nach. Als Tics kommen vor: ruckartiges Kopfwenden zur Seite oder das Zurückwerfen des Kopfes, Schulterzucken, Ruder- und Wischbewegungen mit den Armen, das Heben der Augenbrauen, Stirnrunzeln und Augenblinzeln.

Um schwerere Fälle handelt es sich bei schnauzartigem Verziehen des Mundes, Grunz- oder Räuspertics. Obgleich die Tics manchmal so aussehen wie gewollte und ausdrucksstarke Bewegungen, können sie vom Kind nur sehr schlecht willentlich hervorgerufen oder unterdrückt werden.

Mit Ausnahme eines vorübergehenden Blinzeltics kommen alle diese Erscheinungen allerdings nur sehr selten im vorschulischen Alter vor. Sensible und intelligente Kinder reagieren manchmal mit leichten Tics auf allzu ehrgeizigen erzieherischen Druck, auch wenn er liebevoll oder «moralisierend» ausgeübt wird.

Gelegentlich kann ein Tic nach strengem Onanieverbot entstehen. Auch eine frühkindliche Hirnschädigung, meist nach einer Gehirnentzündung, kann eine ticartige Bewegungsstörung hinterlassen.

Wenn Tics über längere Zeit bestanden haben, sind sie so «automatisiert», daß sie oft auch noch nach der Beseitigung ihrer seelischen Ursachen (wenn auch meist in abgeschwächter Form) fortbestehen. Dann müssen zusätzlich noch therapeutische Methoden, die ausschließlich auf eine Änderung des äußeren Verhaltens abzielen, eingesetzt werden.

Schaukeln (Jaktationen), Zähneknirschen

Jaktationen sind rhythmische Schaukelbewegungen des ganzen Körpers oder einzelner Körperteile, zum Beispiel des Kopfes. Sie werden meist vor dem Einschlafen oder (seltener) nach dem Aufwachen, aber auch während des Tiefschlafs ausgeführt.

Manche Kinder schlagen dabei mit dem Kopf in die Kissen, an Holzteile des Bettes oder gegen die Wand. Im Schlaf kommen manchmal lautes Zähneknirschen oder mahlende Kieferbewegungen hinzu. Seltener ist das Schaukeln im Sitzen, Stehen oder auf allen vieren. Manche Kinder begleiten ihre Schaukelbewegungen mit stereotypen, singenden Lauten.

Das Kind schließt sich bei diesen Beschäftigungen ganz von seiner Umwelt ab. Es steigert sich manchmal bis in eine Art Trance. Gewöhnlich führt es die Bewegungen nur aus, wenn es allein ist. Bei einer Störung durch Geräusche oder Bewegungen in der Umgebung unterbricht es sie. Besonders bei den sogenannten Trotzjaktationen ist dieser Rückzug auf sich selbst nach Enttäuschungen sehr deutlich.

Das Symptom kommt nur im Kleinkindalter häufiger vor. In ganz seltenen Fällen wird es auch in der Schulzeit oder gar bis zur Pubertät beibehalten. (Gelegentliches Schaukeln vor dem Einschlafen ist übrigens bis zum vierten Lebensjahr normal.)

Unter jungen Heim- und Hortkindern ist das Schaukeln besonders verbreitet, weil die ungenügende Befriedigung des kindlichen Bedürfnisses nach intensiver Zuwendung diese Form der Ersatzbefriedigung begünstigt.

Tritt das Symptom in einer Familie auf, so liegen dort im allgemeinen ähnliche Bedingungen vor: In einer lieblosen, gefühlsarmen und einengenden Atmosphäre wendet es sich dem eigenen Körper zu und verschafft sich Lust und Erleichterung durch energieverzehrendes Schaukeln. Das kann auch geschehen, wenn beide Eltern arbeitsmäßig überlastet sind und ihrem Kind nicht genügend Zeit und Zuwendung oder auch intensives gemeinsames Spielen geben können.

Auch motorisch unausgelastete und aus Bequemlichkeit der Eltern zu früh ins Bett gebrachte Kinder reagieren gelegentlich ihre innere Spannung, Unlust und Verlassenheitsängste durch Schaukeln ab.

Nach Untersuchungen von R. Spitz führt insbesondere ein extrem wechselvolles Verhalten der Mutter dem Kind gegenüber zu dieser Symptomatik: Einmal überschüttet sie es mit Zärtlichkeiten, im nächsten Augenblick, wenn ihr das Kind lästig wird, stößt sie es abrupt oder gar feindselig weg. Dadurch wird das Kind innerlich (aber auch äußerlich: sichtbar im Schaukeln) hin- und hergerissen. A. Dührssen schreibt, daß auch durch die Familienkonstellation – weiche, verwöhnende Mutter neben strengem Vater – Schaukeln als Symptom hervorgerufen werden kann.

Selbstbefriedigung (Onanie)

In diesem Alter sind gelegentliche sexuelle Betätigungen am eigenen Genitale, mit oder ohne Orgasmus, ein Teil der normalen Entwicklung.

Erst wenn solche Manipulationen wie unter Zwang häufig wiederholt werden, liegt Grund zur Besorgnis vor. (Manche Kinder lösen fünf bis zehn Orgasmen innerhalb kurzer Zeit bei sich aus.) Daß es sich um eine Störung handelt, wird auch dadurch deutlich, daß diese Kinder oft freudlos, inaktiv und wenig lebensbejahend wirken. Sie haben keine Freunde und keine andere Lieblingsbeschäftigung, von der sie wirklich fasziniert sind.

Ähnlich wie bei dem Symptom des Schaukelns neigen vor allem Kinder aus Heimen oder aus Familien mit Waisenhausatmosphäre zum süchtigen Onanieren. Es ist für sie häufig die einzige Möglichkeit, sich wenigstens momentan eine Befriedigung zu verschaffen.

Selbstbefriedigung bzw. Selbstreizung hat außerdem für diese Kinder den Vorzug, daß sie leicht zu erreichen ist und immer zur Verfügung steht. Langeweile und Verlassenheitsängste werden mit dem ständig neu gelieferten Beweis bekämpft: «Ich bin mir selbst genug, ich brauche niemanden!»

Gewöhnlich machen diese Kinder sonst keine «Schwierigkeiten». Sie sind still und brav und stellen keine

Forderungen. Die Selbstbefriedigung führen sie bei ablehnender oder strafender Haltung der Erwachsenen möglichst unauffällig aus.

Manche Kinder, die völlig ungehemmt vor anderen onanieren (nur in seltenen Fällen ist dabei an eine Hirnschädigung zu denken), protestieren damit gegen prüde Eltern und ärgern sie durch provozierendes Sich-zur-Schau-Stellen oder deutliches Auffordern anderer Kinder zum gemeinsamen Onanieren.

Bei exzessivem Onanieren, das zur Isolierung eines Kindes in der Gruppe und ablehnender Reaktion von Erwachsenen führen kann, sollte eine Erziehungs- oder Familienberatungsstelle aufgesucht werden.

Angstzustände

Im Vorschulalter ist der nächtliche Angstanfall (Pavor nocturnus) verhältnismäßig weit verbreitet: In der ersten Hälfte der Nacht schreckt das Kind aus dem Schlaf auf, bedingt durch Störreize von außen (Verkehrslärm, Licht oder eine Erschütterung), auch durch das überbesorgte zu häufige «Nachsehen» oder Streicheln der Eltern.

Es schreit oder weint in ängstlicher Erregung, erkennt manchmal seine Umwelt nicht und ist erst nach einiger Zeit zu beruhigen. Nach dem Angstanfall schläft das Kind wieder ruhig weiter und kann sich am nächsten Morgen an nichts mehr erinnern. Manche Kinder laufen im Schlaf in der Wohnung herum (Somnambulismus) und erwachen erst nach Zuruf.

Wenn solche Vorfälle nur gelegentlich auftreten, handelt es sich um das Nachwirken aufregender Tageserlebnisse oder aktueller Konflikte. Auch eine fieberhafte Erkrankung oder Schmerzen können sich so zeigen.

Kommt dies jedoch häufiger vor, ist es ein Zeichen für Angstzustände und Angstträume. Oft können sich die Kinder dann auch an den Inhalt der Träume erinnern. Sie befinden sich in gefährlichen Situationen. Teufel, Hexen oder Tiere wollen sie töten und bedrohen sie.

Auf diese Weise verarbeiten die meist sehr sensiblen Kinder ihre angstvollen Erlebnisse, mit denen sie tagsüber scheinbar gut fertig werden. In der Regel sind diese Kinder aber auch sonst leicht zu beeindrucken und zu erschrecken.

Allgemeine Ängstlichkeit und schreckhafte Reaktionen beruhen oft darauf, daß ängstliche Personen im Lebensumfeld ihre Unruhe auf das Kind übertragen. Auch Eltern, die zu jähzornigen Ausbrüchen neigen, sonst aber gutmütig sind, können solche Reaktionen verursachen.

Bei manchen Kindern heftet sich die Angst (Phobie) auch an bestimmte Gegebenheiten wie Dunkelheit, Gewitter, Tiere (Hunde, Katzen, Pferde, Vögel, Käfer usw.). Auch wenn man diesen Kindern erklärt, daß ihre Angst unbegründet ist und sie dies auch einsehen, können sie die Angst nicht unterdrücken.

Möglicherweise haben sie tatsächlich schlechte Erfahrungen gemacht. Wenn das nicht der Fall ist, sind die gefürchteten Objekte oft nur die Vertreter für etwas anderes, das eigentlich Furcht auslöst. An ihnen wird die aus dem ursprünglichen Zusammenhang gerissene Angst erlebt.

So schildert Freud zum Beispiel die Pferdephobie eines kleinen Jungen. Er hatte in Wirklichkeit Angst vor der Stärke und Mächtigkeit seines Vaters, ohne dies bewußt zu erleben.

Gar zu dramatische Erzählungen, Streit zwischen den Eltern oder beunruhigende Fernseheindrücke können zu diesen Angstzuständen wesentlich beitragen – vor allem, wenn sich das Kind mit der einen oder anderen Person weitgehend identifiziert, weil es seine Lebenssituation wie die des «Helden» (oder auch des «Unterlegenen») ähnlich erlebt.

Dauern die Angstzustände, nächtliches Erschrecken oder Somnambulismus an, sollte eine Erziehungs- oder Familienberatungsstelle aufgesucht werden.

Sprachstörungen

♦ Stottern: Sehr viele Kinder stottern eine Zeitlang während der Phase des Sprechenlernens, vor allem als Zweieinhalb- bis Dreieinhalbjährige.

Diese Erscheinung gilt als normal. Manchmal wird dafür die Bezeichnung «physiologisches» Stottern gebraucht, also entwicklungsbedingtes Stottern. Es entsteht durch die Diskrepanz zwischen dem, was das Kind alles ausdrücken will, und seinem noch begrenzten sprachlichen Ausdrucksvermögen bzw. der Sprechgeschicklichkeit. Vor allem, wenn es aufgeregt ist, möchte es mehr und schneller sprechen, als es eigentlich kann. Und so beginnt es zu stottern.

Doch das legt sich von selbst, wenn der Zuhörer das Kind nicht auf den Fehler anspricht, sondern geduldig zuhört. Es verfestigt sich aber gerade in solchen Familien, die großen Wert auf korrektes Sprechen des Kindes legen und es mit Druck und Ermahnungen – auch liebevoller Art – ständig korrigieren.

Das Kind erlebt die Sprache dann nicht als ein selbstverständliches Mittel, sich mitzuteilen, sondern als eine «Leistung». Weil die anderen so stark darauf achten, achtet es schließlich selbst darauf.

Dadurch wird ihm das Sprechen zum Problem. Seine Sprechangst verstärkt dann das Stottern. Auch ein ungezügeltes Temperament der

Mutter, des Vaters oder älterer Geschwister kann der Grund für ein aufgeregtes, später stotterndes Sprachverhalten beim Kind sein.

Dem Kind fehlt ein Vorbild für gelassenes, ruhiges Sprechen. Es muß befürchten, daß es nicht ausreichend zu Wort kommt. Wenn es nicht schnell genug spricht, wird es ständig unterbrochen, oder die anderen versuchen, ihm «das Wort aus dem Mund zu nehmen», noch bevor es selbst das passende gefunden hat.

In Familien, in denen Konflikte häufig verborgen und Spannungen verdeckt werden, kann ein Kind ebenfalls zu stottern beginnen. Es weiß nicht recht, was es wann verschweigen soll, welche Fragen (zum Beispiel sexuellen Inhalts) es stellen darf und wie es seine Aggressionen ausdrücken kann.

Manche Kinder stottern nur in bestimmten Situationen, die emotional besonders belastend sind: Sie blockieren gewissermaßen, und diese Art von Sperre verfestigt sich. Manchen Personen oder ganzen Personengruppen gegenüber verhalten sie sich völlig symptomfrei – auch beim Singen sind viele Stotterer entspannt (und stottern dann nicht).

♦ Poltern: So nennt man das Verhaspeln, Verschlucken und Verdrehen von Wörtern. Im Unterschied zum Stottern verstärkt es sich nicht, wenn die Aufmerksamkeit auf den Sprechakt gerichtet ist. Im Gegenteil, es verbessert sich, wenn das Kind versucht, richtig zu sprechen.

Nicht unter Druck poltert das Kind, sondern wenn es sich entspannt fühlt und sich zuwenig kontrolliert. Dahinter ist keine ernsthafte Störung zu sehen. Das Symptom verliert sich gewöhnlich in der Grundschule.

♦ Agrammatismus: Das bedeutet, daß ein Kind seine Muttersprache schlecht spricht wie jemand, der die Sprache völlig neu lernt. Diese Störung ist sehr selten. Sie läßt sich in diesem Alter kaum von einer verzögerten Sprechentwicklung abgrenzen. Möglicherweise wird sie durch einen organischen Defekt verursacht.

♦ Stammeln (Lispeln): Das kommt bei drei- bis vierjährigen Kindern sehr häufig vor. Sie können bestimmte Laute – meist r, s und g – nicht aussprechen, lassen sie aus oder ersetzen sie durch andere. Auffällig ist, daß viele Kinder die Laute richtig aussprechen können, beim flüssigen Sprechen aber wieder Fehler machen. Wenn keine organischen Defekte (zum Beispiel schlechte Zahnstellung) vorliegen, handelt es sich einfach um mangelnde Übung oder falsche Angewohnheit. Sie verliert sich gewöhnlich im Laufe der Jahre von selbst.

Schweigen (Mutismus)

So bezeichnet man das Schweigen von Kindern, die zwar das Sprechen gelernt haben, aber freiwillig keinen Gebrauch davon machen. Diese Störung kann ganz plötzlich oder auch allmählich auftreten. In manchen Fällen dauert sie wochen- oder monatelang, sie kann aber auch, wenn keine Behandlung eingeleitet wird, über Jahre hinweg anhalten.

Meist beschränkt sich das Schweigen auf bestimmte Personen oder Situationen. Es kommt zum Beispiel häufig vor, daß Kinder Fremden gegenüber schweigen oder beim Eintritt in den Kindergarten bzw. die Schule. Es handelt sich dabei um sogenannten eklektiven (ausgewählten) Mutismus.

Nicht in diesen Bereich der psychischen Störungen gehören die «fröhlichen Mutisten», also Kinder, die sich in ihrem Schweigen wohl fühlen. Dazu können zum Beispiel sehr verwöhnte Kinder zählen, die alles bekommen, ohne es sprachlich verlangen zu müssen.

Auch beim Zwillingsmutismus liegt keine Verhaltensstörung vor. Diese Zwillinge entwickeln eine sprachlose Form der Kommunikation untereinander.

Charakteristisch für Kinder, die im eigentlichen Sinn mutistisch sind, ist eine besondere Erlebnisweise.

Oft handelt es sich um ängstliche, sehr gefühlvolle oder scheue Kinder, häufig auf dem Land, mit etwas zurückgebliebener intellektueller Entwicklung. Die Eltern sprechen oft wenig, in manchen Fällen verhält sich die Mutter überbehütend, der Vater streng.

Hinter dem Schweigen kann sich eine tiefe Mut- und Hoffnungslosigkeit verbergen. Das Sprechen wurde aufgegeben, weil es sich nicht lohnt, etwas mitzuteilen. Das Kind hat bisher nur erfahren müssen, daß nichts «der Rede wert» ist.

In solchen Fällen liegt eine tiefe Beziehungsstörung vor. Schon in den ersten Lebensjahren bestand dann ein entscheidender Mangel in der gefühlsmäßigen Zuwendung. Die ersten lautlichen Kontaktversuche des Kindes, sein Schreien und seine Sprechversuche, fanden zu selten ein positives Echo. Deshalb wurde es mißtrauisch und verstört.

Aber es gibt auch eine Gruppe von Kindern, bei denen das Schweigen einen aggressiven, trotzigen Charakter hat. Sie gebrauchen es dann meist als Waffe im Familienkampf: Sie ergreifen zum Beispiel bei ständigen Ehestreitigkeiten der Eltern Partei für den Schwächeren und «bestrafen» durch ihr Verhalten den anderen.

Das Schweigen wird oft als purer Eigensinn und grundlose Verstocktheit mißverstanden. Eltern versuchen dann, ihr Kind zum Sprechen zu zwingen, und verschärfen dadurch den Konflikt.

Eine mutistische Entwicklung kann auch nach einem erschreckenden Erlebnis, zum Beispiel nach unmäßigen Strafen, beginnen oder auch durch eine Gefahrensituation überraschend durchbrochen werden.

Das Symptom tritt nur bei Kindern auf. Es verliert sich spätestens in der Pubertät. Natürlich ist damit die seelische Problematik mit den übrigen Folgen nicht aufgehoben. Ein totaler, sich langsam einschleichender Mutismus kann ausnahmsweise auch das Frühsymptom einer Schizophrenie sein.

Einnässen

Ein gelegentliches Einnässen bei Milieuwechsel, bei Müdigkeit, Krankheit, Aufregung oder spannendem Spiel ist bis zum Alter von fünf oder sechs Jahren ganz normal. Eine Störung liegt erst vor, wenn ein Kind nach Vollendung des vierten Lebensjahres fast regelmäßig nachts oder tagsüber einnäßt.

Dabei ist zu unterscheiden zwischen Kindern, die nie völlig sauber sind, und solchen, die ein oder mehrere Jahre nach erfolgreicher Sauberkeitserziehung plötzlich wieder «rückfällig» werden.

Wenn ein Kind auch während des vierten Lebensjahres nicht sauber wird, sollte ein Arzt um Rat gefragt werden. Möglicherweise gibt es organische Ursachen dafür. Bleibt die körperliche Untersuchung jedoch ohne Befund, so liegt der Fehler fast immer in einer verfehlten Sauberkeitserziehung.

Es wurde möglicherweise zu früh damit begonnen, zu einem Zeitpunkt, zu dem das Kind seine Blase wegen mangelnder physiologischer Voraussetzungen noch gar nicht kontrollieren konnte. Wegen der ständigen Mißerfolge setzte sich im Kind das Gefühl durch: «Ich kann ja doch nicht das, was von mir erwartet wird!» Und so gibt es seine Bemühungen schließlich auf.

Auch andere Fehlhaltungen der Eltern können die Ursache für das «Versagen» des Kindes sein: zu starre Reinlichkeitsforderungen etwa oder die völlige Vernachlässigung der Sauberkeitserziehung aus Lieblosigkeit oder Bequemlichkeit.

Wenn ein Kind nach langer Zeit der Sauberkeit wieder einnäßt, ist fast immer ein seelischer Konflikt die Ursache. Beim typischen Konflikt – so A. Dührssen – befindet sich das Kind in einem Dauerzustand gespannter und leicht beunruhigender Leistungsbereitschaft; dem steht aber der Wunsch nach unverpflichtetem Entspanntsein gegenüber.

Dieser Konflikt zwischen Leistungsbereitschaft und Leistungsverweigerung läßt sich auch bei erstgeborenen Kindern beobachten, die nach der Geburt eines weiteren Geschwisters wieder einnässen. Meistens sind es ehrgeizige, selbstunsichere Kinder, die den Forderungen der Eltern entsprechen wollen. Viele von ihnen waren besonders früh sauber. Der Anblick des umsorgten Säuglings weckt in ihnen den Wunsch nach Rückkehr in die passive, kleinkindhafte Geborgenheit.

Hinter dem Einnässen am Tag (oft sind es jeweils nur kleine Flüssigkeitsmengen) verbergen sich in manchen Fällen Aggressionen gegen die Mutter.

Eine Behandlung in einer Erziehungs- oder Familienberatungsstelle ist für Kinder und die so belasteten Eltern hilfreich.

Eine bewährte Methode ist, das Anhalten des Harndrangs zu erreichen. Das Kind versucht, den Harndrang ein wenig – ggf. auch auf der Toilette – anzuhalten und erlernt dabei, das Harnlassen bewußt zu steuern. Die Verwendung von Alarmgeräten ohne weitere therapeutische Beratung ist in der Regel nicht erfolgreich.

Harnzurückhalten (Harnretention)

Diese Störung tritt nur bei Jungen auf. Sie kommt vorwiegend im «Trotzalter» vor, also in der Phase, in der Selbständigkeit und Durchsetzungsvermögen erlernt werden. Trotz starken Harndrangs ist das Kind nicht zur willkürlichen Entspannung des Schließmuskels fähig und kann keinen Harn lassen.

Manche Jungen haben diese Störung später nur noch auf Toiletten, in denen sie von anderen beobachtet werden können. Übermäßige Empfindsamkeit, mangelndes Durchsetzungsvermögen oder sexuelle Probleme können die Ursachen sein. Wenn das Symptom länger andauert, liegt eventuell eine organische Störung vor.

Einkoten und Spielen mit Exkrementen

Nach Abschluß des dritten Lebensjahres sollte der Stuhlgang der willentlichen Kontrolle des Kindes unterliegen. Das spätere, wiederholte Einschmutzen der Wäsche tritt als Störung meistens erst ein oder mehrere Jahre nach gelungener Sauberkeitserziehung ein. Das Kind macht hauptsächlich tagsüber «in die Hosen». Nächtliches Einkoten ist viel seltener.

Für das Entstehen des Symptoms kann das Verhalten der Mutter (oder des Vaters) während der Reinlichkeitserziehung ausschlaggebend sein. Meist handelt es sich um pedantisch saubere Mütter (Väter), die zu früh mit einem starren Sauberkeitstraining beginnen, das den spontanen Bedürfnissen des Kindes nicht gerecht wird. Oft bestehen sie streng auf allen ihren Vorschriften und bestrafen Verstöße dagegen heftig.

Ein Kind mit diesem Symptom erlebt den Stuhlgang als eine «Leistung», die es auch gegen seinen Willen vollbringen muß. Es ist um Anpassung bemüht, weich, passiv und abhängig, übertrieben ängstlich, es wirkt oft schwer zugänglich. Die aggressiven Impulse werden ungewöhnlich stark kontrolliert, können sich aber, auch bei unbedeutenden Anlässen, explosiv entladen. Vielfach findet sich auch bei diesen Kindern eine unterdurchschnittliche Fähigkeit, Probleme in sozialen Konfliktsituationen zu lösen.

Es ist eine massive Form der Auflehnung, wenn sie – ohne es selbst zu merken – zu falschen Zeiten und am falschen Ort «ihr Geschäft» erledigen. Bettnässen ist bei diesen Kindern oft ein weiteres Symptom.

Das Einkoten nach dem dritten Lebensjahr kommt außerdem bei geistig und seelisch extrem zurückgebliebenen und hirngeschädigten Kindern vor, die häufig auch mit dem Kot spielen, ihn verschmieren oder womöglich sogar aufessen. (Vor diesem Alter ist das Spielen und Schmieren mit Kot als normale Unbefangenheit des Kindes anzusehen.)

Kotschmieren und -essen kann auch ein Zeichen einer seelischen Krankheit sein. Mütter dieser Kinder leiden gewöhnlich an schweren Depressionen. Ihre Stimmungsschwankungen sind so stark, daß sie das Kind einmal extrem verwöhnen und dann wieder vernachlässigen oder sogar mißhandeln.

Psychosomatische Störungen

Seelische Probleme und Spannungen können in den körperlichen Bereich hineinwirken und dort erhebliche Funktionsstörungen wie Schlaf- und Appetitlosigkeit auslösen. Sie können auch eindeutig körperliche (somatische) Veränderungen, etwa Hautausschlag oder Erkrankungen des Magen- oder Darmtrakts sowie Störungen des Eßverhaltens usw., zur Folge haben: Es sind die sichtbaren Zeichen eines Konflikts.

Eine psychosomatische Störung liegt vor, wenn durch zu große psychische Belastung eine Krankheit mit somatischem Befund entstanden ist. Werden die Folgen einer psychischen Belastung sichtbar, wie zum Beispiel bei einem Tic oder dem nächtlichen Einnässen, spricht man von einer Verhaltensauffälligkeit oder -störung.

Für die Behandlung von psychosomatischen Beschwerden gilt, daß immer eine Kinderärztin oder ein Kinderarzt und eine Kinder-(psycho)therapeutin oder ein Kinder(psycho)therapeut aufgesucht werden sollte – die folgenden Informationen sind lediglich als erste Hinweise gedacht!

Schlafstörungen

Schwierigkeiten beim Einschlafen sind im dritten und vierten Lebensjahr sehr häufig. Es handelt sich um eine ganz normale Erscheinung. Erst wenn diese Schwierigkeiten über sechs bis acht Wochen andauern, liegt eine Störung vor.

In dieser Altersstufe löst sich das Kind weiter aus der engen Verbundenheit mit der vertrauten Umwelt, vor allem auch aus der besonderen Beziehung zu seiner Mutter oder anderen Bezugspersonen. Es erlebt sich immer mehr in seiner eigenen Individualität. Die allabendliche Trennung von der Mutter in Verbindung mit den eigenen Lösungswünschen kann dann auch angsterregend sein.

Diese Angst wird durch bestimmte Einschlafrituale (ruhiges Sprechen mit dem Kind, Vorlesen, Streicheln, Schlaftiere, eventuell Brennenlassen einer kleinen Lichtquelle und Offenlassen der Tür) gemildert.

Schwerwiegend sind die Störungen (meist Durchschlafstörungen), wenn eine instabile Beziehung zur Mutter starke Verlassenheitsängste im Kind mobilisiert. Das kann zum Beispiel sein, wenn sich die Mutter (oder der Vater) wegen ihrer persönlichen Probleme nicht gleichmäßig ihrem Kind zuwenden kann. Auch wenn ein Kind spürt, daß ihm möglicherweise die Trennung von einer geliebten Person droht, entstehen hartnäckige Durchschlafstörungen (Wunsch nach Trennung vom Partner, insgeheim diskutierte Scheidung, möglicher Verlust eines Elternteils durch Krankheit). Das nächtliche Aufwachen kann dann mit Angstzuständen verbunden sein.

Viele Kinder wandern mehrere Wochen bis Monate lang nachts ins Elternschlafzimmer und können nur dort weiterschlafen. Eine ganze Reihe von möglichen Ursachen kommen dafür in Frage:
- die Kinder sind nicht hinreichend müde,
- sie haben zuwenig Bewegung und «Auslauf» gehabt,
- die von den Eltern erwartete (Durch-)Schlafdauer von etwa elf Stunden ist «zuviel» (von abends 19 Uhr bis morgens 6 Uhr!),
- das Kind ist durch Fernsehsendungen (auch durch wenige, aufregende) so überreizt, daß es durch seine Träume geweckt wird,
- das Kind erwartet seine Beruhigung und Tröstung ausschließlich durch die Eltern (oder einen Elternteil) – es kann sich selbst zuwenig beruhigen, zuwenig entspannen, zuwenig allein mit

sich anfangen (es hat zuwenig gelernt, auch mit sich selbst längere Zeit auszukommen, es ist zuwenig von den Eltern «abgegrenzt»),
- das Kind spielt zuwenig mit anderen Kindern – es ist zuviel mit den Eltern zusammen (besonders beim «Einzelkind» möglich).

Wenn einer oder mehrere dieser Gründe vorliegen, muß man versuchen, dem Kind zu mehr Eigenständigkeit zu verhelfen, ein Schlaftier einzuführen, das Kinderbett attraktiv zu machen usw. Auch die Hilfe durch einen Kinder-(psycho)therapeuten – insbesondere bei langanhaltendem «Nicht-allein-schlafen-Wollen» – kann dazu beitragen, daß die Eltern wieder «ihre Ruhe» bekommen.

Aber auch daran ist zu denken: ein Elternteil kann durch den Hinweis auf das anwesende Kind nächtliche «Störungen» durch seinen Partner zu vermeiden suchen – dann werden die Bemühungen der «Abschiebung» unterlaufen.

Eßstörungen

♦ Appetitlosigkeit, Erbrechen: Sehr häufig wird der Arzt aufgesucht, weil das Kind angeblich nicht genug ißt und jede Mahlzeit zum Problem wird. Es sei «mäkelig», heißt es dann, es esse zu langsam und kaue endlos an einem Bissen.

Oft jedoch steht die Besorgnis der Mutter im Gegensatz zum gesunden und lebhaften Aussehen des Kindes. Wenn die Eßgewohnheiten gemeinsam untersucht werden, zeigt sich gelegentlich, daß das Kind insgesamt doch genügend ißt. Es bekommt oder holt sich selbst Obst, Kekse und nahrhafte Getränke zwischen den Mahlzeiten.

Dabei entsteht manchmal der Eindruck, daß Mutter und Kind sich gegenseitig «betrotzen». Die Mutter bedrängt das Kind regelrecht mit dem Essen. Sie nötigt es, steckt ihm in einem günstigen Augenblick etwas in den Mund oder besteht eisern darauf, daß gegessen wird, was auf den Tisch kommt.

Das Kind reagiert mit Verweigerung. Nur widerwillig läßt es sich etwas in den Mund stopfen. Der Ekel vor der aufgezwungenen Nahrung geht bei manchen Kindern so weit, daß sie alles wieder erbrechen.

Das Essen bekommt so eine besondere Bedeutung, es wird zum Kampfanlaß. Es ist kein Zufall, daß diese Schwierigkeiten vor allem im dritten Lebensjahr entstehen. Das Kind sucht nach mehr Unabhängigkeit und altersgemäßer Entfaltung.

Überbesorgte, ängstliche oder unsichere Mütter wagen es aber nicht, ihr Kind selbst das Essen wählen und die Essensmenge bestimmen zu lassen. Für sie bedeuten die übermäßige Aufmerksamkeit, die sie auf die Kindermahlzeiten verwenden, ein sie selbst bestätigendes Zeichen ihrer besonderen Fürsorge und Liebe.

Andererseits sind gerade hinter der übertriebenen Aufopferung häufig auch ablehnende Impulse gegen das Kind verborgen, die sich die Mutter selbst nicht eingestehen kann. Sie fühlt sich durch das Kind stark belastet, weil es ihre eigenen beruflichen oder privaten Interessen zu sehr einengt. Mit der Weigerung, das mütterliche Essen – also das Liebesangebot – anzunehmen, reagiert das Kind unbewußt auf die unterdrückte Ablehnung seitens der Mutter.

Nur selten essen Kinder in diesem Alter wirklich zuwenig. In diesen Fällen handelt es sich meistens um ungeliebte und offen abgelehnte Kinder.

♦ Fettsucht: Sie ist nur selten organisch bedingt. Fast immer sind auch die Eltern übergewichtig. Meist bieten sie dem Kind zuviel oder ungünstig zusammengesetzte Nahrung an. Manche Eltern beschwichtigen schon das Baby immer wieder mit Nahrung, auch wenn es gar nicht hungrig ist. So lernt es, Unlustgefühle und Unruhe mit verstärkter Nahrungsaufnahme zu bekämpfen.

Günstigere Bewältigungsformen werden nicht gelernt. Das Kind bleibt abhängig von der Mutter, die dies durch ihr Verhalten unterstützt. Es neigt zu Bequemlichkeit und zu verborgenen Größenphantasien. Weil das Kind so dick ist, entstehen auch bald Kontaktschwierigkeiten (andere Kinder foppen es). Und das wiederum verstärkt die Flucht vor der Wirklichkeit.

Vorübergehend kann sich ein Kind auch «Kummerspeck» zulegen, weil es sich in belastenden Situationen (Trennung von einer geliebten Person usw.) durch Essen und Naschen zu trösten versucht. Dies kann aber auch zur Dauerhaltung werden, wenn das Kind lange eine liebevolle Zuwendung entbehrt.

Verdauungsstörungen

♦ Verstopfung (Obstipation): Verdauungsschwierigkeiten können auf ähnlichem Wege wie Eßstörungen entstehen: Dem Vorgang des Verdauens wird zu große Beachtung geschenkt. Die Mütter kontrollieren in übertriebener Weise den «Erfolg» und reagieren besorgt bei kleinen Unregelmäßigkeiten. Sie geben sofort Abführmittel, wenn etwas «nicht stimmt» (oft leiden sie selbst an Verstopfung).

Bei den Störungen handelt es sich nur selten um ein organisches Leiden. Ausschlaggebend ist fast immer die Bedeutung, die der Vorgang im Erleben des Kindes besitzt. Während der Sauberkeitserziehung hat es erfahren: Der Kot ist etwas Eigenes, selbst Produziertes. Es kann ihn «als Geschenk» hergeben oder verweigern. Bedrückte oder eingeengte Kinder können mit der Entleerung die Angst verbinden, daß sie zuviel hergeben, sich dabei selbst ganz aufgeben müssen.

♦ Durchfall (Diarrhöe): Manche Kinder geben aus Angst und Schuldgefühlen über undeutlich gefühlte aggressive Impulse «zuviel» her. Meist sind es abhängige weiche Kinder, deren Versuch, etwas Konkretes zu leisten, aus Angst scheitert. Sie reagieren statt dessen auf jede Leistungsanforderung mit Durchfall.

Störungen der Atmung

♦ Respiratorische Affektkrämpfe: Dieses Symptom hat seinen Höhepunkt im Kleinkindalter. Es verschwindet spätestens im Schulalter. Das Kind steigert sich aus Angst, Wut oder Schmerzen in einen Schreikrampf. Die Atmung setzt aus, der zurückgeworfene Kopf läuft blau an. Das Bewußtsein ist getrübt. Nach einer Weile löst sich der Krampf durch ein tiefes Einatmen.

Die betroffenen Kinder sind empfindlich und psychisch labil. Sie besitzen jedoch oft einen starken Durchsetzungswillen. Gewöhnlich leiden sie unter starren elterlichen

Verhaltensweisen (uneinsichtige Forderungen und Verbote, ungeduldiges und verständnisloses Unterbrechen der kindlichen Beschäftigungen). Ein einmal bei einer solchen Gelegenheit ausgelöster Krampf wiederholt sich dann leicht in ähnlichen Situationen, da er selten seinen Effekt verfehlt.

♦ Asthma bronchiale: Asthma tritt bei entsprechend disponierten Kindern meistens im Anschluß an Erkältungen und Infekte auf. Auch Allergien gegen Staub, Bettzeug, Pollen usw. können zu asthmatischen Anfällen führen. Aber auch seelische Faktoren sind mitbedingend für diese Krankheit.

In diesen Fällen kann man oft ein typisches Verhalten bei den Müttern der Kinder finden: Sie sind in ihren eigenen Kontaktwünschen unausgelastet und binden das Kind übermäßig an sich, engen es mit liebevoller Strenge durch Sauberkeits- und Gesundheitsvorschriften ein.

Auf diese Abhängigkeit reagiert das Kind einerseits mit Anlehnung. Es wird oft selbst pedantisch ordentlich und pflichtbewußt. Andererseits lehnt es die starke Beschränkung ab. Es versucht dann, gegenteilige Impulse zu unterdrücken, da sie mit großen Schuldgefühlen verbunden sind. Diese nebeneinander bestehenden widersprüchlichen Tendenzen tragen zur Verkrampfung der bei der Atmung beteiligten Muskulatur bei.

Störungen im Bereich der Haut

Bei Hautausschlag und anderen Hautkrankheiten liegt häufig – wie bei Asthma – eine allergische Reaktionsweise des Organismus vor. (Beide Krankheiten treten oft auch zusammen auf.) Da die Haut aber das erste Kontaktorgan ist, können zurückliegende negative Erfahrungen in diesem Bereich die Störungen mitbedingen. Mütter, die intensiven Hautkontakt ablehnen oder es gar unhygienisch finden und dem Kind nur widerwillig gestatten, können die Ursache für empfindliche Hautreaktionen sein.

Schmerzzustände

Damit sind Schmerzen gemeint, die in unregelmäßigen Abständen immer wiederkehren, zum Beispiel Kopfschmerzen, Bauchschmerzen, Gliederschmerzen mit und ohne Übelkeit oder Erbrechen. Auch sie können ihre Ursache in seelischen Konflikten haben. Da sie aber erst im Schulalter an Bedeutung gewinnen und außerdem nur sehr schwer von organischen oder konstitutionell bedingten Störungen («nervöse Erregbarkeit») abzugrenzen sind, sollen sie hier nicht weiter besprochen werden.

Störungen des sozialen Verhaltens

Hier behandeln wir Störungen der Spielfähigkeit, aggressives Verhalten, Weglaufen, Lügen und Stehlen und empfehlen Ihnen, eine Kindertherapeutin oder einen Kindertherapeuten in einer Erziehungs- oder Familienberatungsstelle zu Rate zu ziehen. Die folgenden Informationen sind – wie auch bei anderen Verhaltensauffälligkeiten oder -störungen – lediglich als erste Hinweise gedacht!

Störungen der Spielfähigkeit

Spielen ist wohl mit die wichtigste Form der Umweltbewältigung in diesem Alter (obwohl das Kind selbst Spielen und Arbeiten nicht unterscheidet: Das Kind erlebt sich lediglich als «aktiv», und wir Erwachsenen sprechen, weil (kaum) Erzeugnisse im Sinne der Erwachsenen entstehen, von «Spielen»).

Wenn die Spielfähigkeit gestört ist, liegt oft die Ursache darin, daß es weder Anleitung noch Motivation zum Spielen erhielt, daß es niemanden hat, der sich – im Spiel – mit ihm beschäftigt. Fast alle Kinder mit Entwicklungs- bzw. Verhaltensstörungen haben deshalb auch beim Spielen Schwierigkeiten.

Diese Probleme, so unauffällig sie auch sein mögen, sind häufig zugleich Vorläufer der späteren Lern- und Arbeitsstörungen. Ist ein Kind innerlich zu sehr mit Problemen beschäftigt, wird der Spielverlauf dadurch immer wieder blockiert oder verändert. Es kann sich nicht ruhig vertiefen und sich ganz dem Spiel überlassen.

Angst- und Schuldgefühle, Beunruhigung über familiäre Konflikte, ungelöste Fragen kindlicher Sexualität, unterdrückte Haß- und Neidimpulse hindern es daran. Manche Kinder greifen wahllos nach allen Dingen, ohne etwas Konstruktives damit anzufangen, sie können nicht «spielen». Auch destruktive Impulse können durchbrechen. Dann wird das Spielzeug mutwillig zerstört.

Manche Kinder versinken in Träumereien und wenden sich so von der aktiven Auseinandersetzung mit der Außenwelt ab. Oder sie geben beim geringsten Mißerfolg auf und wollen Hilfe von einem Erwachsenen.

Andere wiederum wissen gar nichts mit sich anzufangen, wenn sie allein sind. Sie brauchen ununterbrochen neue Spielvorschläge, sonst ist ihnen «sooo langweilig»! In der Kindergruppe flüchten sich spielgestörte Kinder gern in die Rolle des Zuschauers. So können sie ihre Untätigkeit und die Angst vor der Bewertung ihrer «Werke» gut tarnen.

Der Grund für Spielstörungen ist oftmals eine Fehleinstellung oder -haltung der Eltern, zum Beispiel lieblose Vernachlässigung (das Spielen wird nicht gepflegt, das Kind wurde nicht dazu ermuntert), einengendes Verhalten (das Kind kann sich im Spiel nicht richtig ausleben) oder auch übermäßige Verwöhnung (dadurch wird das Kind zu «bequem, sich selbst etwas einfallen zu lassen»).

Aggressives Verhalten

Ein Kind wird aggressiv, wenn seine echten oder vermeintlichen Wünsche, Bedürfnisse, Interessen oder Rechte nicht respektiert werden. Die «Geduldsgrenzen» sind bei Kindern oft eng gesteckt, so daß schon ein – jedenfalls in unseren Augen – «kleiner» Anlaß eine Wut- oder Trotzreaktion provozieren kann.

Aggressives Verhalten entsteht häufig durch die Geburt eines Geschwisters, die ja tatsächlich oft eine Beschränkung der Rechte des ersten Kindes und Vergünstigungen für das neugeborene Kind mit sich bringt.

Oft ist der Zusammenhang nicht so unmittelbar sichtbar. Das Kind geht ohne erkennbaren Anlaß auf andere los, schreit, schlägt und beißt oder nimmt anderen Kindern alles weg. Offenbar fühlt es sich selbst mißachtet und vernachlässigt. Es ist unzufrieden mit sich und seiner Situation.

Oft übertönt es dann auch durch sein aggressives Verhalten eine innere Angst, Schuld- oder Minderwertigkeitsgefühle. Für manche Kinder ist dies auch die einzige Möglichkeit, die Aufmerksamkeit der anderen zu erzwingen. Die Aggressionen können sogar verkappte Liebesäußerungen sein.

Sowohl ein allzu verwöhnender als auch ein zu autoritärer Erziehungsstil begünstigen dieses unangemessene Kontaktverhalten. Das übermäßig verwöhnte Kind provoziert häufig seine Umgebung, um zu sehen, wie weit es gehen kann, weil ihm durch die Erziehung keine (soziale) Orientierungsmöglichkeit gegeben wird. Und das zu streng erzogene Kind lebt draußen an anderen die Aggressionen aus, die es zu Hause unterdrücken muß. Manchmal ahmt das Kind auch ein aggressives Vorbild in seiner Umgebung nach.

Kinder brauchen natürlich klare Regeln, die das Zusammenleben und den Alltag steuern. Deshalb ist es wichtig, Regeln einzuführen, die man fast immer einhalten kann. Wenn es mal eine Ausnahme geben soll, weil das Kind nun noch ein wenig länger spielen will, sollten Sie das unter Hinweis auf die Ausnahme zulassen: «Also, wenn du unbedingt noch spielen willst, machen wir jetzt mal eine Ausnahme – spiel noch ein wenig weiter. Aber das ist nur eine Ausnahme – ein andermal kann ich ... (das Essen) nicht aufschieben!»

Weglaufen

Der Fall, daß Kinder in diesem Alter von zu Hause weglaufen, ist sehr selten. Es kommt eigentlich nur vor, wenn ein Kind keine enge, gefühlsmäßige Bindung an seine Bezugspersonen entwickelt hat. Den Hintergrund bildet meist ein extremes Gewährenlassen der Erwachsenen aus Nachlässigkeit, Desinteresse, gelegentlich auch aus falsch verstandener Toleranz.

Es kann auch (allerdings extrem selten) eine Störung der Hirnfunktion vorliegen.

Lügen

Kinder besitzen eine lebhafte Phantasie. Sie erfinden gern etwas und geben es als Wahrheit aus, ohne damit bewußt lügen zu wollen. Im Laufe des späteren Vorschulalters kann sich aber bereits eine Entwicklung zur

Lügenhaftigkeit anbahnen, wenn das Kind kein Vertrauen zu sich selbst und seiner Umwelt besitzt. Da es befürchten muß, nicht so akzeptiert zu werden, wie es ist, macht es sich mit Lügen «wichtig».

Sehr verständlich ist es, wenn Kinder aus Angst vor harten Strafen lügen. Aber auch in einer toleranten Umgebung können Kinder aufgrund früherer negativer Erfahrungen zu Falschaussagen neigen.

Dies ist oft bei Adoptiv- oder Pflegekindern der Fall, die im Heim aufwuchsen. Unaufrichtige Eltern, die ihrem Kind bewußt falsche Informationen zu sexuellen und anderen Fragen geben, können natürlich ebenfalls das Vorbild für kindliche Lügenhaftigkeit sein.

Stehlen

Auch hier muß zwischen harmlosen und ernst zu nehmenden Formen unterschieden werden. In diesem Alter gehen manche Kinder noch sorglos mit fremdem Eigentum um. Sie nehmen anderen etwas weg, ohne daß dies als «Diebstahl» bezeichnet werden könnte. Ein kleines Auto, ein Püppchen oder ein Tier eines befreundeten Kindes wird eingesteckt und mitgenommen. Wenn der Erwachsene das Kind dann undiplomatisch darauf aufmerksam macht, kann es versuchen, das Mitnehmen eines attraktiven Gegenstands das nächste Mal zu verheimlichen. Besser ist, einfach darauf hinzuweisen, daß das andere Kind diesen Gegenstand sicher vermißt, mit ihm möglicherweise spielen will und er deshalb baldmöglichst zurückgegeben werden sollte. Bei dieser Gelegenheit sollten zugleich die reizvollen Spielsachen ins Blickfeld gebracht werden, die das Kind selbst besitzt.

Problematisch wird dieses «Wegnehmen», wenn es mehrmals und heimlich geschieht, wenn das Kind die entwendeten Gegenstände versteckt. Das können Spielsachen sein, Geld, aber auch Dinge, die es gar nicht braucht. Auch hier ist möglicherweise das Vertrauen zu den Eltern gestört, und es kann kein ausreichender Kontakt zu anderen Kindern hergestellt werden. Durch das Stehlen verschafft sich das Kind eine Ersatzbefriedigung.

Oft handelt es sich um Kinder, die statt gefühlsmäßiger Zuwendung Geschenke im Übermaß erhalten. So lernen sie, materielle Dinge als Ersatz für Liebe und Beachtung zu betrachten. Diebstähle können auch vorkommen, wenn Eltern diese zwar einerseits bewußt verurteilen, andererseits aber aus Neidgefühlen auf andere solchen Handlungen insgeheim zustimmen.

Neurotische Fehlentwicklungen

Kurz soll hier auch auf neurotische Störungen eingegangen werden. Sie sind in den vergangenen Jahren in der Behandlung von psychischen Auffälligkeiten in den Hintergrund getreten, weil ihre genauere Beschreibung und die Rückführung auf bestimmte Ursachen immer schwieriger erschien, die Entstehung der Symptome andererseits als im allgemeinen längerdauernder Prozeß (auch mehrere Jahre: zum Beispiel «Entstehung zwischen dem dritten und zehnten Lebensjahr») gesehen werden muß. Neurotische Störungen treten selten «rein» auf, sie sind oft mit mehreren auffälligen Verhaltensweisen verbunden.

Man versteht darunter vor allem konfliktbedingte Fehlhaltungen des Erlebens und Verhaltens im Sinne der neueren Psychoanalyse und spezifischer Richtungen der Psychotherapie (vgl. zum Beispiel S. Elhardt, 1971).

Zur Entstehung von neurotischen Störungen

Durch andauernde ungünstige Entwicklungsbedingungen in den ersten Lebensjahren mißlingt die Auseinandersetzung des Kindes mit der Außenwelt. Konflikte können in diesem Fall nicht bewältigt und verarbeitet, sondern nur unterdrückt und verdrängt werden.

So entstehen neurotische Symptome, Störungen des Verhaltens, Erlebens oder der Körperfunktionen.

Wie sehr dabei die konstitutionelle Anlage – zum Beispiel vegetative Labilität, Vitalschwäche usw. – das Entstehen begünstigt, ist nicht völlig geklärt. Vor allem die ersten Lebensjahre gelten als sensible Phasen. In dieser Zeit ist der noch unfertige psychische Apparat insbesondere durch andauernde Beeinträchtigungen verformbar.

Entwicklungsphasen

In bestimmten Entwicklungsphasen sind jeweils andere Bereiche der Persönlichkeitsentwicklung besonders gefährdet:

♦ Schizoide Neurosenstruktur
Mißlingt die erste Kontaktnahme

mit der Welt durch mangelnden Körperkontakt im Säuglingsalter, kann eine schizoide Neurose entstehen (Kontaktscheu, Mißtrauen, Selbstisolation). Auch die nicht gelingende Entwicklung des Urvertrauens, zum Beispiel wegen unzuverlässiger Bindungen an Bezugspersonen, wegen einer Einweisung in ein Heim mit einem ungünstigen Personalschlüssel kann dazu wesentlich beitragen.

♦ Depressive Neurosenstruktur
Bei einseitigen sozialen Kontakten (zu intensive Bindung an nur einen Menschen und/oder mangelnder Zuwendung oder bei abrupter Trennung von der einzigen Bezugsperson (zum Beispiel wegen Tod, Scheidung, Krankheit) wird möglicherweise der Grund für eine depressive Neurosenstruktur gelegt (traurige Verstimmung, Mutlosigkeit, mangelndes Selbstvertrauen).

♦ Zwanghafte Neurosenstruktur
Werden beim zwei- bis vierjährigen Kind die expansiven Bestrebungen des Kindes eingeengt, kann sich eine Zwangsneurose entwickeln (starre Persönlichkeit, Pedanterie, Geiz, Autoritäts- und Aggressionsprobleme).

Besonders trägt eine unter zu hohem Druck vollzogene Reinlichkeitserziehung zur Entstehung dieser Neurosenstruktur bei: Die Sauberkeitserziehung ist dabei nur ein besonders auffälliger Ausdruck für die allgemeine Einengung des Kindes durch einen oder beide Elternteile.

♦ Hysterische Neurosenstruktur
Mißlingt die Auseinandersetzung mit der eigenen Geschlechtsrolle, begünstigt dies das spätere Auftreten einer hysterischen Neurose (Geltungssucht, theatralisches Verhalten, Flucht in Krankheiten). Das heftige Abweisen sexueller oder sexuell getönter Verhaltensweisen eines Kindes durch die Eltern (starres Verbot von Doktorspielen, Lächerlichmachen der Zärtlichkeitswünsche usw.) kann dazu wesentlich beitragen.

♦ Therapeutische Ansätze
In der Regel kommen Mischformen aus diesen Neurosenstrukturen vor, sie werden meistens erst im Schulalter oder noch später erkennbar und sollten psychotherapeutisch behandelt werden.

Kindliche Psychosen und verwandte Erscheinungen

«Psychosen sind krankhafte Störungen der seelischen Beziehung des Menschen zu seiner Umwelt, die mehr oder weniger akut eintreten können ..., so daß die Veränderungen im Erleben und Verhalten des Kranken für andere nicht mehr einfühlbar erscheinen und als Abbruch der inneren Kontinuität des Lebensablaufs wirken» (P. Strungk in: H. Harbauer, S. 315). Alle Psychosen sind im Kindesalter extrem selten, insbesondere bei Kindern im vorschulischen Alter.

Für die Behandlung von psychotischen Störungen gilt, daß immer eine Kinderärztin oder ein Kinderarzt und eine Kinderpsychiaterin oder ein Kinderpsychiater aufgesucht werden sollten – die folgenden Informationen sind lediglich als Hinweise gedacht!

Bei der Schizophrenie und der manisch-depressiven Erkrankung wurde bisher keine eindeutig körperliche oder hirnorganische Ursache gefunden. Diskutiert werden in Fachkreisen eine genetische Disposition, biochemische Störungen und auch soziale Faktoren, die zum Ausbruch der Krankheit führen.

In diesem Kapitel wird außerdem über Autismus, symbiotische Psychose und Hospitalismus gesprochen, weil hier so schwere Störungen der Gesamtpersönlichkeit vorliegen, daß sie durch die Beseitigung einer Konfliktquelle und Einfühlung sowie verhaltenstherapeutische Maßnahmen allein kaum zu heilen sind.

♦ Schizophrenie: Die Entwicklung geht zunächst langsam und unauffällig vor sich. Allmählich verändert sich das Verhalten des Kindes. Seine Interessen engen sich auf wenige, manchmal ganz unbedeutende Gegenstände ein. Es geht mit ihnen in ungesteuerter oder auch gleichförmiger, sonderbarer Weise um.

Das Kind verliert das Interesse an anderen Menschen. Lange sitzt es träumend herum, ohne etwas über seine inneren Erlebnisse mitteilen zu können. Seine Gefühle können ohne erkennbaren Anlaß abrupt wechseln. Heiterkeit schlägt plötzlich in Angst oder Wut um.

Auch die Sprache verändert sich. Das Kind erfindet absurde Wörter, es bildet keine richtigen Sätze mehr. Meistens spricht es nur mit sich selbst oder schweigt ganz.

Schizophrene Kinder können auch in ihrer Entwicklung stehenbleiben oder «zurückfallen» und einnässen, einkoten oder den Kot verschmieren.

♦ Manisch-depressive Erkrankung: Darunter versteht man ein phasenweises, grundlos erscheinendes Wechseln von trauriger und übertrieben heiterer Stimmung. Bei Kindern drückt sich die Verstimmbarkeit allerdings mehr durch körperliche Symptome wie Schlaf- und Appetitlosigkeit, Kopfschmerzen und Entwicklungsstörungen aus.

♦ Autismus: Das Kind ist extrem auf sich selbst bezogen. Der Blick geht «durch den Betrachter hindurch», es wirkt an allem unbeteiligt, spricht nicht und handelt mechanisch. Die (mehrschichtigen) Ursachen der Krankheit sind nicht geklärt.

Durch die Abkapselung von der Umwelt kann die Intelligenz- und Sprachentwicklung um Jahre zurückbleiben. Die Kinder werden als taub oder schwachsinnig verkannt, obgleich oft eine normale Begabung vorliegt. Autistische Kinder vollbringen manchmal erstaunliche Gedächtnisleistungen auf einem begrenzten Gebiet. Sie reagieren unter Umständen panikartig auf kleinste Veränderungen in der vertrauten Umgebung. Auch selbstschädigendes Verhalten (Kopfaufschlagen oder Sich-Beißen) kann vorkommen.

♦ Symbiotische Psychose: Sie ist im engen Sinn keine Psychose, da sie einen erkennbaren Anlaß hat. Die meist äußerst sensiblen Kinder reagieren auf eine drohende Trennung von der Mutter mit panischer Angst. (Es handelt sich hierbei um die Altersgruppe der Zweieinhalb- bis Fünfjährigen.) Die Mutter darf sich keinen Augenblick entfernen, sonst schreit das Kind angstvoll oder wütend. Es läßt sich von niemandem trösten. Auch wenn sich die Mutter selbst ihm wieder zuwendet, lehnt es unter Umständen jeden Kontakt ab.

♦ Hospitalismus: Er entsteht durch lange emotionale «Unterernährung» während der ersten Lebensjahre. Gefährdet sind Kinder, die in Heimen aufwachsen, in denen sich eine Pflegeperson um zu viele Kinder gleichzeitig kümmern muß. Die Kinder lernen verspätet laufen und sprechen. Sie verkümmern intellektuell, so daß sie häufig als schwachsinnig eingestuft werden.

Kleinkinder mit Hospitalismus-Symptomatik stürmen oft auf erwachsene Personen zu und zeigen ein verstärktes Anklammerungs- bis Liebesbedürfnis. Ältere Kinder reagieren meist scheu, ängstlich, resigniert oder auch völlig abweisend. In Verbindung mit Hospitalismus können fast alle neurotischen Störungen auftreten, auch aggressive und asoziale Verhaltensweisen.

Therapeutische Möglichkeiten
der Eltern

Einfühlen

Soweit die Verhaltensauffälligkeit oder -störung Ausdruck eines Konflikts ist, muß man in allen Fällen zunächst versuchen, diesen Konflikt zu erkennen. (Oft wird man dazu allerdings die Hilfe eines Erziehungsberaters benötigen.) Am leichtesten geht das über das «Einfühlen» – man muß also versuchen, sich in die Lage des Kindes zu versetzen, seine Gefühle und Empfindungen nachzuvollziehen, seine Ängste und deren Ursachen zu verstehen.

Liebt das Kind, das plötzlich wieder einnäßt, das neue Geschwisterchen wirklich so, wie es das behauptet? Oder fühlt es sich doch vernachlässigt, wehrt es sich mit unterdrückten Haßimpulsen gegen das Baby? Weiß es zum Beispiel tatsächlich nichts von der bevorstehenden Scheidung? Oder spürt es doch die Bedrohung? In den vorhergehenden Kapiteln wurde verschiedentlich aufgezeigt, welche Konflikte möglicherweise für bestimmte Störungen verantwortlich sein können. (Eine Ausnahme davon bilden Psychosen, deren Ursache noch ungeklärt ist.)

Schwierig ist das Verstehen, Einfühlen und die Anerkennung als Krankheit bei Auffälligkeiten und Störungen, die eine große Belastung für die Eltern mit sich bringen, wie etwa das Einnässen oder Einkoten. Hier entsteht oft ein Teufelskreis: Die Mehrbelastung macht die Eltern ungeduldig und unzufrieden, sie verstärken den Druck auf das Kind, und damit verschlimmert sich das Symptom.

Ähnliches gilt auch für Auffälligkeiten und Störungen, die nach Meinung mancher Erwachsener – wenn das Kind es nur wollte – unterdrückbar wären. (Dazu gehört ein Großteil der Verhaltensstörungen.) Sie werden häufig als Trotz, Nachlässigkeit oder böser Wille verkannt.

Das Kind bekommt dann womöglich erst recht nicht die Zuwendung und das Maß an Verständnis, das es braucht und nach dem es sich sehnt. Ergebnis: Die negativen Folgen können sich tatsächlich einstellen und die bereits bestehenden Symptome verschlimmern. Der Konflikt bleibt natürlich bestehen, und die Fronten zwischen Eltern und Kind verhärten sich.

Auch ein besonders «abstoßendes» Symptom (zum Beispiel Haarausreißen oder Ekzeme) kann bei den Eltern die Ablehnung des Kindes verstärken und das Einfühlen in seine Konfliktlage verhindern. Es ist für Eltern vor allem deshalb nie ganz leicht, mit Verständnis und vermehrter Zuwendung das Verschwinden von Symptomen zu erreichen, weil sie erst Distanz zu ihrem eigenen Verhalten und zu dem des Kindes finden müssen.

Warum machen (zum Beispiel) dem Vater oder der Mutter die zerstörerischen oder sexuellen Impulse oder die Schmierlust des Kindes solche Angst, daß er oder sie diese ständig zu unterbinden versucht und so die altersgemäße Entwicklung des Kindes behindert?

Zeigen bestimmte Reaktionen des Vaters oder der Mutter nicht an, daß er oder sie im Grunde doch enttäuscht sind, daß er oder sie «nur ein Mädchen» bekommen hat?

Fühlt sich die Mutter nicht doch – trotz ihrer Liebesbeweise – durch das Kind in ihrer Freiheit eingeengt? Ist das Kind wirklich so begabt, wie die Eltern es sich vorstellen?

Die wahren Antworten auf solche Fragen können als so selbstverletzend empfunden werden, daß es nur Außenstehenden – zum Beispiel einem Erziehungsberater oder Familientherapeuten – gelingt, sie den Eltern aufzuzeigen.

Aus den Ratschlägen eines Therapeuten entstehen oft weitere Probleme für die Eltern. Sie sollen sich zum Beispiel damit abfinden, daß ihr Kind seine unterdrückten (und von den Eltern gefürchteten) Impulse richtig ausleben kann.

Nur ein Beispiel dafür: Eine ängstliche Mutter mit Neigung zur Überfürsorge und Bevormundung muß plötzlich erlauben, daß ihr Kind nur das ißt, was es mag. In schwierigen Fällen hilft der Therapeut oder Kinderpsychologe den Eltern durch gezielte Beratung und Erziehungshilfen, dem Kind durch eine Spieltherapie.

Nicht immer genügt es, wenn Eltern durch weitgehendes Verstehen und Einfühlen in die Konflikte des Kindes ihr Verhalten ändern. Es ist durchaus möglich, daß das Symptom trotz Toleranz gegenüber seinen unterdrückten Wünschen bestehen bleibt.

Bei Tics und beim Stottern wurde beispielsweise besonders häufig beobachtet, daß sich das Fehlverhalten auch nach Auflösung der Konfliktlage nicht löste. Es war zu einer festen Gewohnheit des Kindes geworden. Methoden, die hier weiterhelfen können, sind im nächsten Absatz beschrieben.

Verhaltenstherapeutische Methode

Verhaltenstherapeuten betrachten ein Symptom weniger als Zeichen des inneren Konflikts von Menschen. Sie halten es vielmehr für ein «falsches Verhalten», das gelernt wurde und also auch wieder verlernt werden kann.

Ein Teil der Störungen (zum Beispiel das Einnässen) beruht ihrer Meinung nach darauf, daß das richtige Verhalten einfach nicht erlernt wurde. Sie konzentrieren sich ganz auf eine Veränderung des äußerlich sichtbaren Verhaltens und haben dazu zum Teil sehr wirksame Methoden entwickelt.

Die einen bewirken den Abbau des falschen, die anderen sorgen für den Aufbau richtigen Verhaltens. Problematisch daran ist nach Meinung von Psychotherapeuten und -analytikern, daß zugrundeliegende Konflikte ungelöst bleiben, wenn nur «verhaltenstherapeutisch» vorgegangen wird. (In den letzten Jahren haben sich die früher «reinen» Methoden der Verhaltenstherapeuten wesentlich erweitert: Auch psychodynamische Methoden gehören mittlerweile zum Repertoire.)

Es ist daher nötig, die im folgenden dargestellten klassischen verhaltenstherapeutischen Vorgehensweisen jeweils im Zusammenhang mit der Methode des Einfühlens anzuwenden.

♦ Belohnung
Als einfachste Regel gilt: Ignorieren aller Mißerfolge und sofortige Belohnung aller Erfolge. Es wird dabei auf der experimentell

gefundenen Erkenntnis aufgebaut, daß Belohnung in jeder Form (als Zuwendung, Lob, materielle Belohnung) das wirksamste Mittel ist, um das wünschenswerte Verhalten zu erreichen und zu festigen.

Sie muß unmittelbar auf die richtige Handlungsweise folgen. Wenn zum Beispiel ein ständig appetitloses Kind essen soll, so wird jeder Essensversuch – auch wenn es zunächst nur sehr wenig ißt – sofort belohnt. Ißt es nichts, so wird dies weder mit Ermahnungen noch mit einem unzufriedenen Gesicht quittiert, sondern einfach nicht beachtet.

Zu Beginn eines solchen Trainings soll die Belohnung jedesmal auf das erwünschte Verhalten folgen. Später braucht nur noch jeder zweite oder dritte Erfolg belohnt zu werden. Allmählich kann man die Häufigkeit der Belohnung weiter verringern und diese schließlich ganz ausfallen lassen. Denn nun ist das richtige Verhalten – wie etwa das Essen im obengenannten Beispiel – über die damit verbundenen (assoziierten) angenehmen Erlebnisse selbst zu einer angenehmen Tätigkeit geworden.

Ähnlich kann man auch vorgehen, wenn man ein unerwünschtes Verhalten abgewöhnen will, zum Beispiel das Einnässen. Man läßt das Kind dann dreimal am Tag zu festgesetzten Zeiten auf die Toilette gehen. Dort soll es aber nicht länger als drei Minuten sitzenbleiben. Hat es «Erfolg», wird es belohnt (zum Beispiel mit Worten, einem Keks oder ähnlichem). Bei Mißerfolg wird keinerlei Kommentar gegeben. Wenn es zwischendurch einnäßt, bekommt es ohne Vorwurf frische Wäsche. Wenn es seinen Harndrang bemerkt und selbst die Toilette aufsucht, wird es belohnt. Die Belohnungen werden so lange fortgesetzt, bis sich das Verhalten ganz gefestigt hat. Rückfälle werden ignoriert.

Bei der Anwendung von verhaltenstherapeutischen Vorgehensweisen dürfen die Eltern niemals die Frage aus den Augen verlieren, ob sie selbst möglicherweise die Verhaltensstörungen ständig weiter verursachen bzw. wie sie selbst ihr Verhalten ändern müssen.

♦ Nichtbeachtung
Ein Verhalten, das überhaupt nicht beachtet wird, wird relativ rasch unterlassen. Es wird «gelöscht», wie die Verhaltenstherapeuten sagen. Das gilt zum Beispiel für Kinder, bei denen Wutanfälle zu einer Gewohnheit geworden sind. Da sich in solchen Augenblicken alle Aufmerksamkeit auf sie richtet, werden sie immer wieder in ihrem Verhalten bestärkt. Das gilt auch für aggressives Verhalten gegenüber anderen Kindern. Wenn das Kind damit erreicht, daß es das begehrte Spielzeug erhält, wird dieses Verhalten «belohnt».

Aggressives Verhalten gegenüber Erwachsenen läßt sich oft damit erklären, daß nur so ihre Aufmerksamkeit geweckt werden kann. In diesen Fällen müssen die Erwachsenen zunächst dafür sorgen, daß das Kind mehr liebevolle Zuwendung erhält. Aber auch dann empfiehlt es sich, das ungünstige Verhalten zu ignorieren und das Kind nur zu belohnen, wenn es sich der Situation entsprechend – also nicht unkontrolliert und wütend – verhält.

Vor der Anwendung dieser Vorgehensweise (Verhaltensmodifikation) muß man sich fragen, wodurch das Kind in seinem Fehlverhalten bisher bestärkt wurde. Welchen Gewinn zieht es trotz aller unangenehmen Begleitumstände doch aus seinem Symptom? Welcher Angst will es aus dem Weg gehen? Nur wenn diese Probleme gelöst sind, kann Nichtbeachtung helfen, ein Fehlverhalten zu ändern.

♦ Strafe
In Experimenten hat sich gezeigt, daß ein nicht beachtetes Verhalten schneller verschwindet als eines, das immer wieder bestraft wird. (Als «Strafe» gilt bereits die leiseste Form der Mißbilligung.)

Durch Bestrafung wird ein Verhalten sogar oft fixiert. Das scheint im Gegensatz zur alltäglichen Erfahrung zu stehen, daß nach Strafen erst einmal eine Weile «Ruhe» herrscht – aber eben nur eine Weile. Oft versuchen Kinder dann, andere «Auswege» für ihr Verhalten zu suchen – sie beginnen mit Täuschungsversuchen oder Lügen, sie verhalten sich an anderen Orten und unbeaufsichtigt so, wie es die Eltern nicht wollen, sie handeln gegenüber anderen Personen in der «strafwürdigen» Weise.

♦ Angstverminderung
Wenn ein Kind abends vor dem Einschlafen Angst hat, wird ihm die Mutter eine beruhigende Geschichte erzählen oder ein Bilderbuch mit ihm anschauen. Die Heiterkeit und Ruhe, die davon ausgeht, mindert die Angst und läßt sie schließlich ganz verschwinden.

Wenn klar ersichtlich ist, wovor ein Kind Angst hat – zum Beispiel vor Hunden –, kann das Prinzip der schrittweisen Annäherung versucht werden:
   Das Kind darf den Abstand zum Tier halten, der ihm ungefährlich erscheint. Es wird nicht gezwungen, sich ihm zu nähern. Wenn es sich dennoch einen Schritt näher wagt, wird es belohnt (es wird gelobt, es bekommt einen Keks oder Nüsse usw.).
   Mehrere Anläufe bzw. Versuche dieser Art an verschiedenen Tagen führen zu einer immer weiteren Annäherung – allerdings darf man den Bogen niemals überziehen: Will man bei einem dieser Versuche zu viel erreichen, kann die Angst des Kindes wieder erheblich verstärkt werden. Die Annäherung darf also nur «locker» versucht werden – immer nur so weit, wie es für das Kind mühelos (angstfrei) möglich ist.

So verdrängen die angenehmen Gefühle mehr und mehr die Angst vor dem Hund. Für heftige Angstzustände müssen komplizierte und genau einzuhaltende Verhaltenspläne erarbeitet werden. Das ist allerdings Aufgabe eines Verhaltenstherapeuten. Nur in leichten Fällen können Eltern diese Vorgehensweise ohne Hilfe eines Therapeuten handhaben.

SPIELE UND SPIELZEUG

Das Spiel mit Rollen, Regeln und Einfällen

Das Rollenspiel

Das Kind strebt nun immer bewußter danach, so zu werden wie die Erwachsenen. Aus diesem Grund interessiert es sich mehr und mehr für das Rollenspiel. Damit ist die Nachahmung der Tätigkeiten und der sozialen Beziehungen anderer gemeint. Das Rollenspiel wird zu einer beliebten Beschäftigung.

Voraussetzungen für die Ausgestaltung dieser komplizierten Spielform sind die größere Sprachgeschicklichkeit des Kindes, sein ausgeprägteres Denk- und Vorstellungsvermögen, sein größerer Erfahrungsschatz und seine gute Beobachtungsgabe. Es kann nun verblüffend genau andere Personen im Sprachstil, in den Bewegungen und ihrer Mimik imitieren. Bevorzugt wählt es sich als Vorbild Erwachsene aus. Und hier versucht es, im Spiel der Realität möglichst nahe zu kommen. Deshalb verkleidet es sich mit passenden Requisiten.

Die Rollen werden mit Bedacht gewählt. Und aus der Darstellung selbst können Sie manch eine wertvolle Information über die momentane Situation Ihres Kindes erhalten, auch über seine Probleme.

Das Kind kann sich so stark in seine Rolle einleben, daß es auch die dazugehörigen Gefühle wie Angst oder Freude intensiv empfindet. Manchmal möchte es längere Zeit seiner angenommenen Rolle entsprechend behandelt werden. Es verliert sich aber niemals völlig in dieser Illusionswelt.

Immer weiß es, daß es nur eine Rolle spielt. Es kann sie jederzeit wieder ablegen oder innerhalb des gleichen Spiels eine andere übernehmen. Manchmal verläßt es sie kurzfristig, um einen Mitspieler zu korrigieren («Der Vater macht das aber so!»). Auch das ist ein Zeichen seiner realistischen Einstellung und Kontrolle über das Spiel.

Andererseits sind der Phantasie kaum Grenzen gesetzt. Die zuvor geplante Spielabsicht wird immer wieder verändert, überraschende, dramatische Wendungen sind besonders beliebt, gefährliche Situationen tauchen auf und werden bewältigt.

Im Rollenspiel wächst ein Kind in mehrfacher Hinsicht über sich

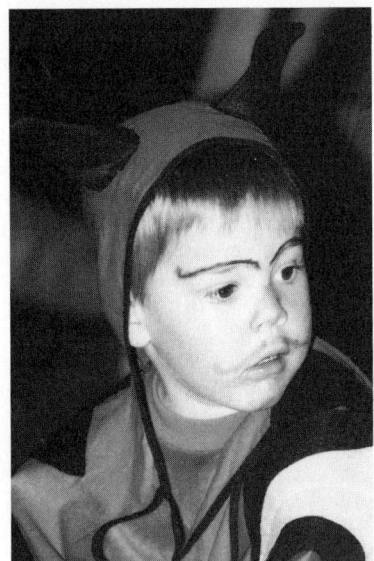

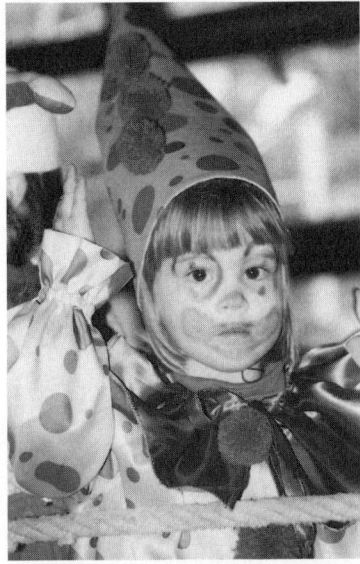

Verkleiden und Schminken ist bei
Kindern sehr beliebt.

hinaus. Es spielt einerseits Handlungen, die es in Wirklichkeit nicht ausführen dürfte oder könnte (zum Beispiel Feuer löschen, jemanden aus den Flammen retten usw.). Andererseits entwickelt es tatsächlich Fähigkeiten, die es außerhalb des Spiels nicht hat.

Wenn seine Rolle es verlangt, kann es zum Beispiel mehr Ausdauer aufbringen, Anstrengungen wie Stillhalten oder Schweigen in Kauf nehmen. Auch spontan auftauchende Wünsche kann es dem Spiel zuliebe unterdrücken. Soziale Einordnung und Beachtung von Regeln fallen ihm leichter, vor allem dann, wenn andere Kinder mitspielen, die sein Verhalten überwachen.

Einfache Regelspiele

Regelspiele im engeren Sinn sind Spiele, bei denen sich die Mitspieler nach zuvor besprochenen, für alle verbindlichen Regeln richten müssen (zum Beispiel «einer kommt nach dem anderen dran», oder «auf eine Aufforderung hin müssen alle das gleiche tun»). Das Kind gewinnt allmählich Freude daran, durch sein richtiges Verhalten einen reibungslosen Spielablauf zu ermöglichen. Allerdings braucht es dabei noch den Erwachsenen, der die Spielaufgaben und die einzuhaltenden Regeln erklärt und notfalls schlichtend und helfend eingreift.

Sind die Regeln einfach und verständlich, wie zum Beispiel beim «Versteckspielen», bei «Häschen in der Grube» usw., werden sie leicht eingesehen und eingehalten. Neben diesen Bewegungsspielen machen ihm jetzt auch einfache Formen der sogenannten Gesellschaftsspiele Spaß: Bilderwürfel, Memory, Bilderlotto, Schwarzer Peter usw.

Erschwerend für das Einhalten der Regeln wirkt allerdings die Tatsache, daß es «Gewinner» und «Verlierer» geben kann. Deshalb braucht das Kind für diese Spiele anfangs einen erwachsenen Spielpartner, der ein Auge zudrückt, wenn das Kind die Regeln zu seinem eigenen Vorteil verändert.

Ermahnungen, Kritik und «Schadenfreude» (beim gewinnenden Mitspieler) sind unangebracht. Wenn ein Kind die Regeln nicht einhält, kann man dieses Spiel noch eine Weile zurückstellen.

Denkspiele

Natürlich muß das Kind bei allen Spielformen denken. Und Denken spielt auch eine wesentliche Rolle bei den im Anschluß beschriebenen «didaktischen Spielen».

Hier sind jedoch die Spiele gemeint, bei denen das Kind seine neu entdeckte Fähigkeit des Denkens ohne Aufforderung ganz bewußt zur Lösung von Aufgaben

Nina beherrscht mehrere Rollen
ausgezeichnet: Verkäuferin,
Hausfrau und Tierpflegerin.

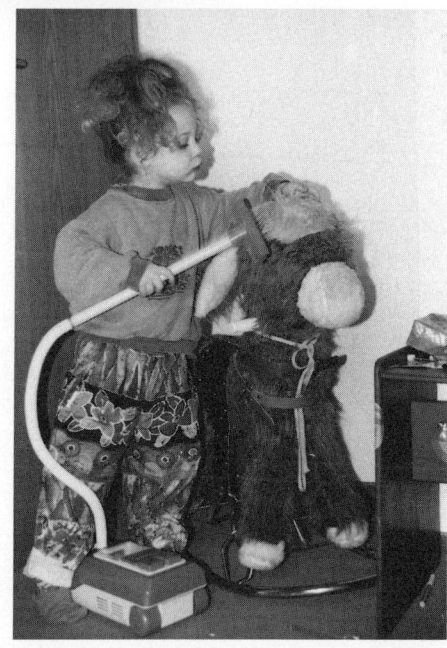

einsetzt. Dazu gehören etwa die Rätselspiele. Sie werden von nun an immer beliebter.

Das Kind stellt sich selbst Aufgaben und «zerbricht» sich dann den Kopf darüber. Es macht ihm Spaß, sich zu überlegen, wie es etwa aus rechteckigen Steinen ein nicht vorgegebenes Muster, zum Beispiel einen Kreis, bilden könnte. Dabei geht es weniger um den Kreis selbst. Wichtig daran ist vielmehr, daß dem Kind eine selbstgestellte Denkaufgabe gelungen ist. Auch bei einfachen Brettspielen kann es nun Strategien entwickeln.

Um etwas über die Dinge zu erfahren, wählt es nur noch selten den umständlichen «Versuch-Irrtum-Weg». Statt dessen überprüft es in planvollen Spielen seine Hypothesen. Auch die vielen «Warum-Fragen» dieses Alters werden vom Kind oft als Spiel betrieben.

Eine andere Denkspiel-Form ist das Sammeln nach immer eindeutigeren Gesichtspunkten. Allerdings werden die gesammelten Dinge anschließend kaum verwendet, sondern geraten rasch in Vergessenheit.

Spiele mit Lernaspekt –
Didaktische Spiele

Beim Spiel lernt sich's besonders leicht. Es entstehen alle wichtigen Voraussetzungen: eine aktive und positive Haltung dem Problem gegenüber, die Bereitschaft zur Wiederholung, Interesse an der Sache. Bei den meisten Spielformen werden geübt: die fünf Sinne, Denken und Fühlen, Körperbeherrschung, Realitätsanpassung usw.

Didaktische Spiele hingegen werden vom Erwachsenen an das Kind herangetragen, um es in einem begrenzten Bereich zum Lernen zu veranlassen – zum Lernen in einem Spiel. Gleichzeitig sind sie eine hervorragende Übung für: Aufmerksamkeit, Ausdauer und Leistungsbereitschaft.

Die im Lernspielprogramm beschriebenen Übungen sind

Große und kleine, dicke und dünne, lange und kurze Tiere – vertragen sich alle?

solche didaktischen Spiele. Lernspiele, die auf das Lesen, Schreiben
und Rechnen vorbereiten, werden
für diese Altersstufe noch nicht
empfohlen.

Didaktisches Material sollte so
konstruiert sein, daß es zur
Auseinandersetzung mit vorgegebenen Problemen auffordert. Bei
dem Montessori-Spielmaterial ist
das zum Beispiel uneingeschränkt
der Fall. In guten Spielen kann das
Kind selbst die gestellten Aufgaben
entdecken und sie weitgehend ohne
die Hilfe von Erwachsenen lösen.
Gleichzeitig kann es allein überprüfen, ob es richtig vorgegangen
ist. Das Material sollte auch

leichtere Aufgaben enthalten.
Gelingt es, bekommt es Mut.
Später wird es sich auch schwieri-
gere Aufgaben heraussuchen.

Beim Kauf solcher Spiele sollten
Sie den Leistungsstand und die
Vorlieben Ihres Kindes mit
bedenken. Auch sollten Sie nicht
darauf bestehen, daß das didaktische Spielmaterial nur «zweckent-
sprechend» verwendet wird. Das
Kind sollte ruhig entsprechend
seinen besonderen Bedürfnissen
damit umgehen dürfen.

Auf keinen Fall sollte sich Ihr Kind
fast ausschließlich mit didaktischem
Material beschäftigen. Damit

**Empfehlenswerte
Spiele für dreijährige
Kinder.**

würde es zu sehr eingeengt und zu einseitig beansprucht.

Die Empfehlung «spiel gut» ist beim Kauf für Sie eine wertvolle Hilfe. Der Arbeitsausschuß Kinderspiel + Spielzeug e. V. in Ulm bewertet die ihm eingereichten Spiele und verleiht den «guten» diese Auszeichnung.

Ein in sich stimmiges System von Lernspielen hat sich bisher noch nicht durchgesetzt, so daß Sie die Auswahl immer «von Fall zu Fall» treffen müssen.

Zu den didaktischen Spielen gehören Konstruktionsbaukästen, Puzzles, Steckspiele, Mosaike, Lege- und Wissensspiele. Daneben sind aber auch Werkzeuge, Musikinstrumente, Zeichen- und Bastelmaterial, Turn- und Gymnastikgeräte als didaktisches Material zu bezeichnen, die dem Kind einen großen Spielraum für kreative Initiative ermöglichen.

Eltern als Mitspieler

Didaktische Spiele werden in Montessori-Kindergärten (Leitziel: «Hilf mir, es selbst zu tun») in großem Umfang eingesetzt – in den Niederlanden gibt es davon sehr viel mehr als in der Bundesrepublik Deutschland.

Kinder sehen bei den anderen, vor allem älteren Kindern zu, wie man damit spielt, sie erhalten aber auch die Hilfestellung durch die Erzieher/innen.

In der Familie fehlt dieses Vorbild anderer Kinder, so daß Ihnen vermehrt die Aufgabe der Anleitung zufällt.

Genaues Beobachten, Herausfinden der kleinen Schwierigkeiten, die ein Kind hat, und Hinweise und Tips zu geben, wo das Kind allein nicht weiterkommt: das ist die Aufgabe des guten Anleiters, also sich selbst – fast – überflüssig zu machen.

Das ist nicht leicht. Für das Selbständigwerden des Kindes ist aber gerade diese Haltung wichtig.

Wenn Sie die Rolle des Mitspielers im engeren Sinn einnehmen, geht vieles einfacher: Ihr Kind beobachtet bei Ihnen, wie das Spiel «funktioniert». Sie können die erfolgreichen Vorgehensweisen anwenden, ohne sie direkt zu demonstrieren.

TAGEBUCH

Tagebuch des vierten Lebensjahres für …

Bitte führen Sie dieses Tagebuch regelmäßig. Wenn Ihr Kind älter geworden ist, erfährt es hier in Wort und Bild alles über sein viertes Lebensjahr. Notieren Sie auch, was Ihnen wichtig erscheint.

Manchmal ist es wichtig, bei einer Frage mehrere Antworten anzukreuzen. In die vorgegebenen Felder kleben Sie bitte je ein auf die benötigte Größe zugeschnittenes Foto ein.

1. Halbjahr

Mit wem spiele ich am liebsten?

- Mit meinem Freund ○
- Mit meiner Freundin ○
- Das wechselt ○

Wie verbringt unsere Familie gewöhnlich das Wochenende?

- Wir bleiben zu Hause ○
- Wir fahren ins Grüne ○
- Wir machen größere Autofahrten ○

Bin ich selbstsicher?

- Ich bin eher schüchtern ○
- Ich übertreibe gern ○
- Ich brauche viel Bewunderung ○
- Ich fühle mich immer sicher ○

Sind sich meine Eltern in der Erziehung einig?

- Ja, immer ○
- Nein, überwiegend bestimmt meine Mutter ○
- Nein, überwiegend bestimmt mein Vater ○

Wann lutsche ich am Daumen?

- Wenn es mir langweilig ist ○
- Beim Einschlafen ○
- Jetzt nicht mehr ○
- Regelmäßig ○

Will ich nachts bei den Eltern schlafen?

- Ja, regelmäßig ○
- Nein, nie ○
- Das war viele Wochen so ○

Bitte kleben Sie hier ein Foto ein:

Motivvorschläge:

Ich fange einen Ball

Ich «repariere» ein Auto

Bild aufgenommen am ....

Bitte kleben Sie hier ein Foto ein

Motivvorschläge:

Ich spiele mit einem Baukasten

Ich bin beim Spielen
eingeschlafen

Bild aufgenommen am ....

Bitte kleben Sie hier ein Foto ein:

Motivvorschläge:

Ich bin zärtlich
zu einem anderen Kind

Eis schmeckt prima

Bild aufgenommen am

....

Welche Kosenamen habe ich? ....

Womit mache ich meinen Eltern Sorgen? ....

....

Besondere Ereignisse: ....

....

....

....

2. Halbjahr

Gehe ich schon in den Kindergarten?	Nein	○
	Ja, halbtags	○
	Ja, ganztags	○
Mein schönstes Fest in diesem Jahr war	Weihnachten	○
	Ostern	○
	Mein Geburtstag	○
Wie habe ich mich in diesem Jahr verändert?	Ich bin vernünftiger geworden	○
	Ich vertrage mich besser mit Kindern	○
	Ich tobe jetzt mehr herum	○
	Ich habe mich wenig verändert	○
Was mache ich besonders gern?	Theaterspielen	○
	Malen	○
	Geschichten erzählen	○
	Mit Bauklötzen spielen	○
Mit wem schmuse ich am liebsten?	Mit meiner Mutter	○
	Mit meinem Vater	○
	Mit beiden gleich gern	○
	Ich schmuse nicht gern	○
Was interessiert mich am meisten?	«Technik», z. B. Auto, Flugzeug	○
	Tiere und Pflanzen	○
	Was Menschen alles tun	○
	Mich interessiert alles	○
Wie selbständig bin ich?	Ich ziehe mich schon allein an und aus	○
	Ich esse meistens selbständig	○
	Ich lasse mir lieber helfen	○
Machen meine Eltern mit mir das Lernspielprogramm regelmäßig?	Ja	○
	Nein	○
	Sie haben zuwenig Zeit	○
Sehe ich fern?	Ja, allein	○
	Ja, nur mit einem Elternteil	○
	Selten	○
	Nie	○

Bitte kleben Sie hier ein Foto ein:

Motivvorschläge:

Ich mache eine Grimasse

Ich spiele mit Sand/Schlamm

Bild aufgenommen am ....

Bitte kleben Sie hier ein Foto ein

Motivvorschläge:

Ich spiele mit einem Musik-
instrument

Ich spiele mit meinem Lieblings-
spielzeug

Bild aufgenommen am ....

Bitte kleben Sie hier ein Foto ein:

Motivvorschläge:

Ich fahre in einem
Kinderkarussell

So große Seifenblasen
kann ich machen

Bild aufgenommen am

....

Wie groß bin ich? ....

Wieviel wiege ich? ....

Besondere Ereignisse: ....

....

....

....

....

LERNSPIEL-PROGRAMM

Vorschulerziehung –
eine Aufgabe der Eltern

Die Situation der Vorschulerziehung heute

Besonders treffend ist der Ausdruck «Vorschulerziehung» nach heutigem Verständnis nicht, der Ausdruck «Frühpädagogik», der in den letzten Jahren häufiger verwendet wurde, allerdings auch nicht. An dem ersten Begriff stört die Beziehung zur Schule, am zweiten, daß «Vorschulkinder» dabei fast ausgeschlossen sind (bei der «Frühpädagogik» denkt man an die ersten drei Lebensjahre).

Wir verwenden hier den Begriff Vorschulerziehung, weil er auf die nächste Lebensphase verweist.

Schließlich erinnert er auch an eine wichtige Phase der Bildungspolitik in den Jahren zwischen 1970 und 1975, als der Kindergarten teilweise in seinem Bestand in Frage gestellt war: Eine zweijährige Eingangsstufe als erste Stufe des Primarbereichs (Schule) war für fünf- bis sechsjährige Kinder gefordert, davor sollte der Elementarbereich (Kindergarten) für drei- bis vierjährige Kinder gelagert sein.

Die positiven Stürme der Kindergartenreform haben sich (leider) gelegt, und viele wichtige Initiativen sind seither erlahmt, unter anderem, weil die durchschnittliche Berufstätigkeitsphase der Erzieherinnen damals unter zehn Jahren lag: Somit sind viele an Projekten und Modellversuchen beteiligte Pädagogen aus dem Berufsleben ausgeschieden.

Heute bleiben die Erzieherinnen im Durchschnitt länger in ihrem Beruf, so daß man mit einem stärkeren Engagement auch an den berufspolitischen Zielsetzungen, an höherer und qualifizierter Ausbildung, an kontinuierlicher und intensiver Fortbildung sowie an entsprechender (höherer) tariflicher Einstufung rechnen kann.

Es sind Anstrengungen im Bereich der Aus- und Fortbildung notwendig, damit die Erzieher/innen den steigenden Anforderungen gerecht werden können, die sich durch den raschen Wandel der Gesellschaft ergeben.

Mit der wieder steigenden Geburtenrate ab dem Jahr 1988 wird zugleich der Bedarf an qualifizierten Erzieherinnen höher, und es sind bereits verschiedene, wenig taugliche Versuche gestartet worden, dem Mangel abzuhelfen: durch vermehrten Einsatz von Kinderpflegerinnen und den Versuch, künftige Erzieherinnen in Schnellkursen auszubilden.

Der wichtigste Weg, diese Fachkräfte über eine deutlich höhere tarifliche Einstufung zu gewinnen, wird bisher nur sehr zögerlich beschritten (Anhebung der Einstufung um durchschnittlich eine Stufe im Jahr 1991)!

Seit dem Inkrafttreten des Neuen Kinder- und Jugendhilfegesetzes (KJHG, 1991) gibt es eine neue, bundeseinheitliche Initiative im Bereich der Tageseinrichtungen für Kinder. Darin ist festgeschrie-ben, die Betreuung, Erziehung und Bildung für Kinder neu zu ordnen.

Der nächste, gute Schritt war das Gesetz, das den Rechtsanspruch auf einen Kindergartenplatz zum 1. 1. 96 sichert – mit Übergangsregelung allerdings bis 1. 1. 99 (vgl. S. 47). Vielerorts wird es noch längere Zeit keinen Kindergarten geben.

Es ist also nach wie vor die private Initiative der Eltern erforderlich, wenn die große Lernbereitschaft und Lernfähigkeit in dieser Altersstufe genutzt werden soll. Dies ist um so notwendiger, je mehr Einschränkungen das heranwachsende Kind in der Familie und in seinem näheren

Waghalsige Turn- und Bewegungsspiele machen den meisten Kindern Spaß.

Lebensumfeld erfährt. Dazu gehören zum Beispiel folgende Situationen:

– Das Kind kann keinen Kindergarten besuchen, weil es keinen Platz findet oder weil die Entfernung dahin zu groß ist.
– Das Kind wächst als Einzelkind auf und hat nur wenig Kontakt zu gleichaltrigen bzw. etwas älteren Kindern.
– Vater und Mutter sind ganz- oder halbtags berufstätig. Der dann in der Regel auf das Kind ausgeübte Druck (wenig Zeit, Überanstrengung der Eltern) belastet die Beziehungen zwischen Eltern und Kind. Das Kind wird eingeengt und erlebt nur zeitweise einen ausgewogenen und befriedigenden Elternkontakt.
– Die Familie lebt in einer erheblichen Krise: durch Tod oder lange, schwere Krankheit eines oder beider Elternteile, durch Arbeitslosigkeit oder eine den Bestand der Familie bedrohende Ehekrise oder bereits erfolgte Trennung mit möglicherweise Wiederheirat. Das alles sind erhebliche Probleme für das Kind.
– Eine ungünstige wirtschaftliche Lage der Eltern. Sie können nicht das für die günstige Entwicklung notwendige Anregungsmaterial kaufen, das Kind hat keinen ausreichenden Platz zum Spielen in der zu engen Wohnung, die Familie kann kaum «anregende Umwelten» aufsuchen, das heißt Ausflüge und Besichtigungen unternehmen.

– Die Eltern sind selbst nur unzureichend ausgebildet. Sie wissen zuwenig über die Lösung von Erziehungsproblemen und über die Art der günstigen Förderung.

Treffen auf eine Familie mehrere der hier aufgeführten Gründe zu, stellt sich um so dringlicher die Frage nach einer intensiven Förderung.

Auch Ihnen stellt sich diese Frage, wenn Sie beobachten, daß sich Ihr Kind gelegentlich langweilt, daß es besonders wißbegierig ist, daß es viele Fragen stellt. Wie Sie wissen, sind sehr viele bedeutende Künstler und Wissenschaftler in ihrer frühen Kindheit sehr intensiv und vielseitig durch Hauslehrer oder durch die eigenen Eltern (oft Pädagogen) angeregt und gefördert worden – jede intensive Förderung im Elternhaus nützt einem Kind.

Wie können Sie Ihr Kind optimal auf die nächsten Lebensjahre und auf die Schule, aber auch auf das spätere Leben vorbereiten? Institutionen wie der Kindergarten oder die Vorschule können Ihnen zwar bei dieser Aufgabe helfen – sie können Ihnen aber weder die Verantwortung abnehmen, noch sind sie, wie oben ausgeführt wurde, im Augenblick in der Lage, allen Kindern die optimale Unterstützung zukommen zu lassen.

In den nächsten drei Lebensjahren Ihres Kindes geht es darum, seine Entwicklung in allen Persönlichkeitsbereichen, also in seiner geistigen (kognitiven), sozialen, emotionalen und körperlichen Entwicklung (um nur die wichtigsten Bereiche anzusprechen), intensiv weiter zu fördern.

Wenn Sie die Entwicklungsanregungen der Bände 1 bis 3 durchgeführt haben, wird es Ihrem Kind leichter fallen, die nun folgenden Anregungen aufzunehmen. Ohne dieses vorbereitende Fundament sollten Sie besonders sorgfältig und unter möglichst weitgehender Berücksichtigung der Wünsche Ihres Kindes beginnen und zunächst mit einem kleinen täglichen Programm starten.

Das Kind erwirbt seine Fähigkeiten und Fertigkeiten durch Lernen. Es sammelt nicht nur Wissen an, sondern es «lernt» Handlungsabfolgen, Motivationen, Selbständigkeit und Verantwortlichkeit, und es lernt, die Forderungen, die es an sich selbst stellt (Anspruchsniveau), seinen (wachsenden) Fähigkeiten anzupassen. Diese Lernprozesse erfolgen nicht kontinuierlich, sondern in «Schüben». Perioden schnellen Lernens wechseln ab mit Zeiten, in denen es keine auffälligen Lernfortschritte gibt.

In diesen Phasen wird dem Kind jedoch das neu gelernte Verhalten selbstverständlich. Es übt es ein, es bildet dabei Gewohnheiten aus, die es nicht mehr verlieren wird. Auf ein solches «Lernplateau» folgt dann wieder ein erneuter steiler Anstieg in der Lernleistung – das nächsthöhere Plateau wird erreicht.

Lernanstieg und Lernplateau dauern in jedem Lernbereich unterschiedlich lang, und sie sind auch von Kind zu Kind verschieden. Verlassen Sie sich also nicht auf allgemeine Ratschläge, die feste Zeiten angeben («Kinder lernen erst mit fünf Jahren, wie man die Straße sicher überquert!» usw.). Richten Sie sich statt dessen nach Ihrem Kind. Lassen Sie es zum Beispiel «in Ruhe», wenn es sich gerade mit einer Sache oder einem Spielzeug befaßt (ermöglichen Sie ihm also «Selbstbeschäftigungsphasen»).

Wenn es sein Spiel beendet hat, können Sie ihm ein Lernangebot machen. Sie merken ja, ob es gerade ganz in ein Spiel vertieft ist oder ob es «etwas von Ihnen will» – indem es Fragen an Sie stellt oder einfach Ihre Nähe sucht. Das ist dann oft ein Zeichen dafür, daß Ihr Kind eine Anregung braucht. Das kann zum Beispiel eine Variante des vorhergehenden Spiels sein oder etwas ganz Neues.

Am Interesse des Kindes erkennen Sie auch, wo Sie Schwerpunkte setzen sollten. Geben Sie ihm also Anregungen, die es gern akzeptiert – dort besteht ein Lernbedürfnis. Bedenken Sie: Solange Ihr Kind nicht eine Reihe von Varianten und Abwandlungen kennengelernt, erprobt und geübt hat, kann es nichts Neues dazuerfinden. Seine Kreativität entfaltet sich nur optimal vor einem Hintergrund von Erfahrungen, Wissen und eingeübten Handlungsmustern.

Sie können also schon jetzt beginnen, Ihrem Kind diejenigen «Lernplateaus» erreichbar zu machen, die es in den nächsten Jahren braucht. Auch ein wenig gefördertes Kind kann innerhalb kurzer Zeit überraschende Lernfortschritte machen, wenn es zum Beispiel einem Lehrer besonders große Sympathie entgegenbringt. Aber darauf sollten Sie sich nicht verlassen. Besser ist es, wenn Sie

Ihr Kind nach und nach auf alle Fähigkeiten und Fertigkeiten, die es in der Schule benötigen wird, vorbereiten.

Die Lernspielanregungen der «Elternbuch»-Reihe in den Bänden 4, 5 und 6 sind so angeordnet, daß Ihr Kind im ersten Schuljahr keinerlei Schwierigkeiten haben wird. Es soll in der Schule von Anfang an das Gefühl haben, daß es allen Anforderungen gewachsen ist.

Wenn es sich dagegen als leistungsschwach erlebt, wird es entmutigt und verliert die Motivation zum Weiterlernen. Selbstverständlich hat das Lernspielprogramm nicht

Auswärts essen und trinken ist ein Ereignis für die ganze Familie.

nur die Funktion der Schulvorbereitung. Bereiche, die in der Schule wenig oder gar nicht gefördert werden, sind hier ebenfalls angesprochen. Es bringt also die gesamte, systematische Förderung, die für das jeweilige Lebensjahr geeignet ist.

Ihr persönliches Engagement ist notwendig

Besucht Ihr Kind einen Kindergarten oder eine Vorschulklasse? Wenn ja, dann haben Sie eine große Hilfe. Es hat genügend sozialen Kontakt. Es erlebt, wie bestimmte Projekte durch die Teilnahme mehrerer Kinder interessant und spielbar werden (Theater und Rollenspiele, Bauspiele mit größerem Material, Partnerspiele bei Gymnastik usw.). Außerdem bringt es Anregungen mit nach Hause, die Sie aufgreifen können. Sie haben dann – im günstigen Fall – den Vorteil, daß eine schwierige Aufgabe bereits im Kindergarten geleistet wurde, die Motivierung.

Halten Sie nach Möglichkeit ständig Kontakt mit der oder dem Erzieher/in, und besprechen Sie sich bei Erziehungsproblemen, insbesondere wenn Ihr Kind von negativen Erlebnissen aus dem Kindergarten berichtet. In vielen Fragen wird auch ein Gedankenaustausch mit anderen «Kindergarten-Eltern» sinnvoll sein.

Sie sollten sich aber nicht dazu verleiten lassen, nun weniger mit ihm zu spielen, damit es etwa «selbständiger wird».

Verzichten Sie nicht auf den wichtigen Kontakt durch Lernspiele und spielerische Beschäftigungen.

Sie sollten – unabhängig vom Kindergarten – auch weiterhin die Grundlage pflegen, die den guten sozialen Kontakt und die Kommunikation zwischen Ihnen und Ihrem Kind ermöglicht hat: etwas gemeinsam tun, mit ihm Spaß haben, es für Dinge interessieren und seine Wißbegier befriedigen. Indem Sie seine Fähigkeiten und Begabungen weiterentwickeln, machen Sie es sicherer und selbständiger.

Gestalten Sie das Programm so, daß sich Ihr Kind nicht langweilt. Alles sollte ohne Zwang erreicht werden. Begründen Sie Ihre Anordnungen, und geben Sie ihm häufig mehrere Angebote, unter denen es wählen kann.

Wenn Sie nicht sicher sind, ob Sie sich Ihrem Kind gegenüber richtig verhalten, sollten Sie sich ruhig einmal schriftlich mit dieser Frage auseinandersetzen. Notieren Sie zum Beispiel, wie oft Sie etwas von Ihrem Kind verlangen und wie oft Sie selbst eine seiner Bitten erfüllen. Überwiegen Ihre Forderungen («Zieh deine Schuhe aus», «Wasch deine Hände», «Hör jetzt auf zu spielen und räum auf»), sollten Sie Ihr Verhalten ändern und für ein besseres Gleichgewicht zwischen Anordnungen und Erfüllung der Wünsche Ihres Kindes sorgen.

Sie werden überrascht sein, wie verständnisvoll Ihr Kind auch auf Ihre Wünsche eingeht. Sie erleben es dann viel mehr als einen vernünftigen und einsichtsvollen Gesprächspartner und nicht als «lästiges», nur durch ständige Befehle und Mahnungen lenkbares Wesen. Nehmen Sie sich viel Zeit, und «schieben sie es nicht ab», auch wenn es alle zehn Minuten mit einer neuen Frage oder einem Wunsch kommt.

Welche Persönlichkeitsbereiche sollen gefördert werden?

Sie möchten nun sicher genau wissen, was ein Kind im vorschulischen Alter eigentlich lernen soll. Wir haben schon an anderen Stellen betont, daß mit dem Begriff «Lernen» nicht nur das schulbezogene Lernen gemeint ist, sondern das Lernen im weitesten Sinne des Wortes.

Alles, was ein Mensch kann, hat er einmal gelernt. Er hat es geübt, bis es ihm zum sicheren «Besitz» wurde. Lernen kann man so verschiedene Dinge wie Roller fahren, die Wirkungsweise eines Magneten erproben, sich mit Worten gegen ungerechte Kritik wehren, sich auf einen anderen Menschen einstellen, eine Katze aus Ton formen, keine Angst vor Hunden haben usw.

In den beiden vergangenen Jahrzehnten wurden verschiedene Versuche unternommen, die Inhalte des Lernens für die einzelnen Altersstufen zu erfassen. Vor allem in den USA beschäftigte man sich mit dieser Frage, aber auch in der Bundesrepublik Deutschland.

Dabei hat sich herausgestellt, daß ein Ordnen der verschiedenen Lernziele außerordentlich schwierig ist. Sie wurden beispielsweise von einigen Wissenschaftlern nach den psychischen Prozessen (Wahrnehmen, Denken, Sprechen, Wissen, Fühlen usw.) geordnet, andere richteten sich nach den üblichen Schulfächern (wie Deutsch, Mathematik, Biologie, Erdkunde usw.).

Schließlich liegt seit 1978 für den vorschulischen Erziehungsbereich ein Versuch des Deutschen Jugendinstituts e. V. vor, nach Situationen und Projekten zu ordnen.

Wir haben diese «Elternbuch»-Reihe im wesentlichen in die Bereiche Wahrnehmen, Denken usw. (vgl. oben) gegliedert, innerhalb des Bereichs Wissen in unterschiedliche «Disziplinen». Besondere Lernfelder, wie zum Beispiel Sprechen und Sprache, werden gesondert behandelt, obwohl das Sprechen zum Denken, sozialen Verhalten und Wissen gehört. Gestalten, Musikerziehung und Körpertraining haben eine große Bedeutung und werden deshalb in eigenen Kapiteln dargestellt.

Zur Umsetzung der so entstehenden Lernfelder werden geeignete Situationen und Projekte (Aufgabenstellungen) angeboten, in denen sich die gewünschten Lernprozesse am günstigsten durchführen lassen. Diese Einteilung ist selbstverständlich anfechtbar. Doch das Vorgehen nach nur einem der drei Ansätze wäre ebenfalls willkürlich. Es würde außerdem den Überblick über die Lernanregungen erschweren.

Ein Beispiel dazu: Ein Kind läßt einen Ball schnell hintereinander auf einen Steinboden aufprallen. Dabei können sich unter anderem die folgenden Lernprozesse abspielen:
– Förderung/Entwicklung der Wahrnehmung;
– Ausbilden der Kooperation von Auge und Hand, des Zusammenspiels von Hand und Ball sowie von Auge und Ball;
– Sammeln von Erfahrungen über das Springverhalten eines Balls bei bestimmten Bodenverhältnissen;
– Üben einer Fertigkeit, Steuerung der Feinmotorik und des

Zuhören und dazwischen nachdenken – Eltern sollten sich zum Vorlesen und Erklären Zeit nehmen.

Reaktionsvermögens;
– Trainieren verschiedener Muskelgruppen des gesamten Körpers.

Wenn ausschließlich nach psychischen Prozessen geordnet wird, könnte dieses Spiel demnach unter den Rubriken Wahrnehmen, Denken, Wissen, Gymnastik und Bewegung (Psychomotorik) angeführt werden.

Wenn nach «Fächern» gegliedert würde, stünde es bei Turnen und Sport.

Und bei der Ordnung nach Situationen käme es für die Aspekte «Vorbereitung auf Handballspielen», «Spielerische Beschäftigung», «Spiele im Freien», «Kinder unter sich», «Gesundheit» in Frage. Keine dieser Einteilungen ist «falsch». Der beste Weg ist deshalb, nach verschiedenen Gesichtspunkten je nach Bedeutung bzw. Wertigkeit vorzugehen.

Überschneidungen gibt es in jedem Fall, auch bei scheinbar eindeutigen Vorgängen. Das zeigt schon das Beispiel mit dem Ball. Auch innerhalb der psychischen Prozesse ist mehrfache Zuordnung möglich. Demnach kann also sowohl die Bildung der Bereiche als auch die Zuordnung zu einem Bereich nur mehr oder weniger zweckmäßig sein.

In den Elternbüchern erfolgt die Zuordnung zu den einzelnen Bereichen vorrangig nach dem Schwerpunkt im Hinblick auf das lernende und sich entwickelnde Kind, im Hinblick auf seine Gesamtpersönlichkeit.

Gelegentlich kann es auch vorkommen, daß weitere Anregungen für einen bestimmten Bereich benötigt werden, der normalerweise nur «mitgeübt» wird. Das ist zum Beispiel oft beim Bereich «Wahrnehmen» der Fall. Viele der dort untergebrachten Anregungen sprechen jedoch in irgendeiner Weise auch das Denken an, manchmal sogar überwiegend. Sie sind dennoch dem «Wahrnehmen» zugeordnet, da es sich um Übungen handelt, mit denen diese Fähigkeit trotz gleichzeitigen Trainings des Denkens am besten gefördert werden kann.

Durch diese Art der Zuordnung werden insgesamt alle psychischen Bereiche, Verstehen und Wissen, alle Fähigkeiten und Fertigkeiten, Einstellungen, Interessen und schließlich auch Handlungsmuster so angeregt und gefördert, wie es dem jeweiligen Entwicklungsstand des Kindes entspricht.

Mit der Betonung der psychischen Prozesse wird gleichzeitig – auch das ist ein wichtiger Gesichtspunkt – klar, daß es nicht um die Anpassung des Kindes oder um die Situation, sondern um die Entwicklung der Persönlichkeit geht.

Situationen oder die Umgebung können allerdings eine sehr

günstige, motivierende Wirkung auf die Lernvorgänge haben: Das Kind sieht sofort den Erfolg und kann das Gelernte gleich anwenden. Es geht jedoch immer zugleich darum, daß es in einer gegebenen Situation auf künftige Situationen und ihre Bewältigung vorbereitet wird. Auch das wird deutlicher mit einem Beispiel (zugleich soll dies Beispiel auch zeigen, wie stark eine gegebene Situation motivieren kann im Vergleich mit einer zu beliebiger Zeit vorgetragenen Erklärung):

Ein Kind bekommt einen kleinen Hund. Wenn das Kind sich über den Hund freut, wird es sofort alle Informationen, die den Hund betreffen, begierig aufnehmen. Es will wissen, was er gern frißt, wo er schlafen kann, ob er gern spazierengeht usw.

Die neue Situation führt «schlagartig» zu einer Lernmotivation, durch die das Lernen auf leichte Weise in Fluß kommt. Umständliche Vorbereitungen für die Aufnahme von Informationen sind überflüssig.

Im Situationszusammenhang können viele Lernerfahrungen eingebracht werden, die sonst «isoliert» wären oder außerhalb des Blickfelds bleiben würden: gesunde Ernährung des Hundes, wie man ein Haus für einen Hund bauen kann, was ein Hund lernen muß, damit er in einer Wohnung leben kann usw.

Das Kind wird sich in dieser neuen Situation auch leicht an frühere Erfahrungen mit Hunden und sein Wissen darüber erinnern. Es hat sicher schon beobachtet, wie andere Kinder einen Hund behandeln, wie sie ihn streicheln, wie er gefüttert wurde, wo er schlief usw. Jetzt kann es alle früheren Informationen auf die neue Situation anwenden.

Und die neuen Erfahrungen wird es später einmal wiederverwerten: wenn es eine Katze bekommt, wenn es sich einen Vogel halten darf oder wenn es von einem Freund um Ratschläge zur Hundehaltung gebeten wird.

Das Lernen in einer Situation, die das Kind interessiert, bereitet also nicht nur auf künftige ähnliche Situationen vor, sondern weckt auch frühere Informationen. Deshalb sollten Sie auch versuchen, verschiedene Lerninhalte in einem Zusammenhang anzubieten, interessante Situationen für das Lernen aufzusuchen und damit die Zusammenhänge der Lerninhalte aufzuzeigen.

Sie können also verschiedene Wege gehen, um Ihrem Kind das Lernspielprogramm nahezubringen:
1. Sie wählen diese oder jene Aufgabe aus, berücksichtigen insgesamt alle Bereiche und fördern so Ihr Kind.
2. Sie wählen einzelne Aufgaben aus, suchen den dazugehörigen Zusammenhang oder eine

geeignete Situation auf und fügen ergänzend hinzu, was an weiteren Lernanregungen einbezogen werden kann.

3. Sie nutzen beide Möglichkeiten, um sowohl die einzelnen Anregungen genügend oft anzubieten und andererseits auch die Situationszusammenhänge erfahrbar zu machen.

Wichtige Tips

– Im Lernspielprogramm finden sich in jedem Kapitel zunächst «grundlegende Anregungen». Diese sollten Sie besonders genau lesen und wiederholt mit Ihrem Kind durchführen.

– Wenn es die verschiedenen Anregungen im ersten Halbjahr leicht bewältigt, können Sie auch schon ein wenig vorgreifen auf die für das zweite Halbjahr vorgesehenen Lernspiele; im zweiten Halbjahr können Sie gegebenenfalls die Anregungen von Band 5 hinzunehmen.

– Vor jeder Anregung ist in wenigen Worten das Ziel angegeben. Es dient der präziseren Information und dem Überblick, und es ermöglicht Ihnen, die Anregung selbst zu erweitern oder zu verändern – so umzugestalten, daß das genannte Ziel dennoch erreicht wird.

– Wir haben die Spiele und Aufgaben mit Sternen gekennzeichnet. Drei Sterne (***) bedeuten: Bitte nehmen Sie sich unbedingt Zeit für diese Beschäftigung. Zwei Sterne (**) bedeuten: Lassen Sie auch diese Übung möglichst nicht ausfallen. Ein Stern (*) bedeutet: Wenn Sie genügend Zeit haben, sollten Sie Ihrem Kind auch diese Anregung bieten.

Die fünf Sinne brauchen gezielte Anreize

Grundlegende Anregungen

*** Ziel: Neue Gegenstände entdecken, genau ansehen und sich einprägen; ihren Zweck und ihre Funktion kennenlernen.

Haben Sie sich schon einmal Gedanken darüber gemacht, welche alltäglichen Dinge und Einrichtungen Ihr Kind in Ihrer unmittelbaren Lebensumwelt kennt und welche nicht, ob es den Zweck dieser Dinge versteht usw.?

Also zum Beispiel Straßenschilder, Sprechautomaten, Lichtknöpfe, Straßenlaternen, Telefonzellen, Behältnisse für Streusand usw.?

Für uns Erwachsene sind derartige Einrichtungen selbstverständlich, wir bemerken sie kaum noch. Auch das Kind wird nur in bestimmten Situationen darauf aufmerksam. Sie können seinen Blick jedoch schärfen, indem Sie von sich aus seine Aufmerksamkeit darauf lenken.

Erklären Sie ihm, wozu sie gebraucht werden, wer sie gebraucht, wie sie funktionieren, wer sie herstellt, pflegt oder repariert usw. Fragen Sie es auch, was ihm in einer ungewohnten Umgebung auffällt, was hier anders ist als an bekannten Plätzen usw. Bei solchen Unterhaltungen wird natürlich auch sein Denken angeregt, nicht nur seine Wahrnehmung.

*** Ziel: Sich an früher gesehene Situationen und Dinge erinnern und sie beschreiben.

Sprechen Sie nach kleinen Ausflügen über alles, was sie gemeinsam gesehen haben. Rufen Sie ihm noch einmal die Situationen und Dinge ins Gedächtnis, von denen es besonders beeindruckt war (Menschen in besonderer Kleidung, Gebäude, Fahrzeuge usw.). Wenn Sie das öfter tun, kann Ihr Kind das früher Gesehene immer genauer beschreiben. Es schult sein Gedächtnis für optische Eindrücke.

Das trägt wesentlich zur Erweiterung der Vorstellungen, des Denkens und zur Orientierung bei. Je präziser sich Ihr Kind erinnert, desto leichter fällt es ihm, bestimmte «Probleme» zu lösen: etwas wiederzufinden, einen Überblick über verstreute Spielsachen zu gewinnen, sich zu orientieren usw.

Später kann es sich dann auch Buchstaben und Wortgestalten besser merken (Voraussetzung für flüssiges Lesen). Auch das Zeichnen solcher Eindrücke dient der Präzisierung der Erinnerung. Dazu brauchen Sie nicht einmal Papier: Formen und Umrisse kann Ihr Kind auch in die Luft malen.

Ab 3;0 Jahren

*** Ziel: Dem Verlauf einer Linie sicher mit den Augen folgen.

Zeichnen Sie in eine Ecke eines Papierbogens einen Hasen, in die andere eine Rübe. Dann ziehen Sie eine geschwungene Linie, die sich einmal kreuzt, vom Hasen bis zur Rübe. Ihr Kind darf dabei zusehen.

Fordern Sie es nun auf, mit dem Finger der Spur nachzufahren. «Stell dir vor, du wärst der Hase und wolltest auf diesem Weg bis zur Rübe laufen!»

Stellen Sie Ihrem Kind mehrmals solche Aufgaben. Als Themen eignen sich zum Beispiel die Fragen: Wie fährt das Schiff von diesem Hafen zu jenem? Welchen Weg ging Thomas, bis er den Badestrand fand? Wie ging Katharina in der Wiese umher, bis sie den Ball wiederfand?

Verändern Sie die Linienführung so:
– Zeichnen Sie von Mal zu Mal mehr Überschneidungen der

Sehen in Variationen: Auftakt zum Denken!

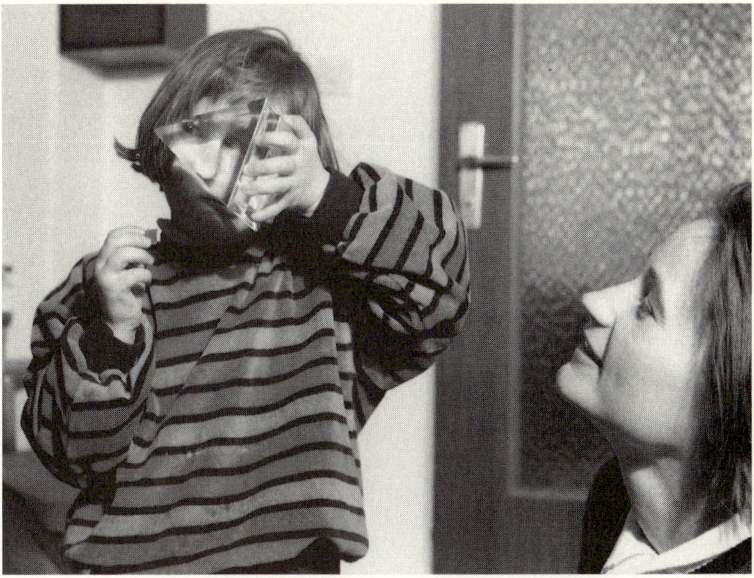

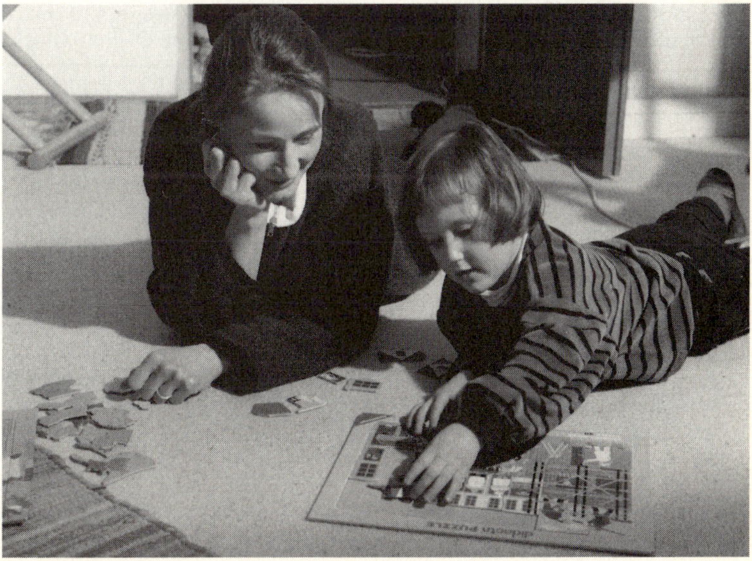

Linien (insgesamt bis zu acht).
– Zeichnen Sie nicht nur Bogen, sondern auch Ecken.
– Nehmen Sie manchmal großes Papier, damit die Wege oder Spuren sehr lang werden.
– Lassen Sie bis zu drei «Suchende» auf einem Bild antreten, und zeichnen Sie dann die Verbindungslinien zunächst mit verschiedenen Farben, später nur mit einer.

** Ziel: Eine in freiem Gelände gelegte Spur verfolgen und zu einem Ziel finden.

Bei einem Ausflug bleiben Sie mit Ihrem Kind an einem bestimmten Punkt stehen. Ihr Partner legt mit aufgesammelten Ästen (oder Tannenzapfen, Löwenzahnblüten usw.) eine Spur, hinter einer Hausecke oder Hecke beginnend. Nach zwanzig bis dreißig Metern versteckt er sich. Ihr Kind freut sich riesig, wenn es ihn mit Hilfe der Spur finden kann.

Auch in Ihrer Wohnumgebung können Sie Wege suchen und die Erinnerungsfähigkeit verbessern: Gehen Sie mit Ihrem Kind spazieren, machen Sie es auf ausgewählte «Punkte» (Telefonzelle, Häuser, deutsche und ausländische Geschäfte, Brunnen, Bäume usw.) aufmerksam und lassen Sie sich zurückführen; zunächst wählen Sie einen einfachen Weg, das nächste Mal einen Umweg mit Überquerung von Kreuzungen usw.

** Ziel: Feine Unterschiede erkennen und Gegenstände entsprechend zuordnen. Denken und Wahrnehmen werden hier gefordert.

Einige Beispiele:
– Besteck in ein Schubfach ordnen,
– Teller und Tassen in den Geschirrschrank einordnen,
– Schuhe oder Socken in Paaren zusammenstellen oder -legen usw.

Sicher hat Ihr Kind diese oder ähnliche Aufgabenstellungen schon häufig im Alltag erfolgreich gelöst.

Sie können es nun immer mehr dazu bringen, auch feinere Unterschiede zu beachten.

** Ziel: Unterscheiden von wesentlichen und unwesentlichen Eigenschaften eines Gegenstands (Geräts).

Zeigen Sie Ihrem Kind verschiedene Dinge (Paprika, Möhren, Kaffeemaschine, Kochlöffel, Radio- bzw. Fernsehapparat, Plattenspieler, Auto), und machen Sie es auf die Gemeinsamkeiten und die Unterschiede aufmerksam.

Bei Besuchen in einer fremden Wohnung können Sie sich von Ihrem Kind Gegenstände zeigen lassen, die anders aussehen als in Ihrer Wohnung. Es lernt dabei, die für die Funktion eines Geräts wichtigen Merkmale von den nur «zufälligen» rasch zu unterscheiden.

Dadurch wird neben der Wahr-

Selbst sehen und nicht gesehen werden: ein immer wieder reizvolles Spiel.

Schau mal meine schöne Katze an – kannst du sie erkennen?

nehmungs- und Beobachtungs-
fähigkeit auch das Abstrahieren
geübt.

** Ziel: Erkennen, aus welcher
Richtung ein Schall kommt.

Machen Sie mit Ihrem Kind ein
Spiel, bei dem es mit verbundenen
(oder geschlossenen) Augen
erraten soll, aus welcher Ecke ein
Gongschlag oder ein anderes
Geräusch ertönt. Suchen Sie die
vier Zimmerecken zuerst nacheinander, dann in beliebiger Reihenfolge auf. Lassen Sie den Gong in
den nächsten Tagen auch manchmal sehr leise erklingen. Dann ist
die Übung deutlich schwieriger.

** Ziel: Erkennen, welche
Geräusche bestimmte Gegenstände verursachen.

Suchen Sie im Haushalt zehn
verschiedene Dinge, mit denen Sie
ein Geräusch erzeugen können.
Zeigen Sie Ihrem Kind, wie man
diese Geräusche erzeugt, und
lassen Sie es selbst probieren.
Anschließend lassen Sie es mit
geschlossenen Augen raten, mit
welchem Gerät Sie gerade Töne
erzeugen (nach ausreichendem
Spiel mit Geräuschen von Gegenständen können Sie auch mit
verschiedenen Musikinstrumenten
Töne oder kurze Melodien
spielen: Auch dabei soll Ihr Kind
die Richtung zeigen, aus der der
Schall kommt.

In den nächsten Tagen beginnen
Sie mit dem Spiel, ohne zuvor die
Gegenstände gezeigt zu haben. Ihr

Kind sollte nun – wiederum mit
geschlossenen Augen – die
Geräuschquellen erraten. Es
sollten auch viele leichte Aufgaben
dabei sein, damit Ihr Kind oft
Erfolgserlebnisse hat.

*** Ziel: Ausgewählte Materialien an ihrer Oberfläche durch
Tasten erkennen.

Sammeln Sie fünf auffällig
verschiedene Materialien wie zum
Beispiel Sandpapier, Stoff,
Wellpappe, Fell, Leder, einen
Stein. Mit geschlossenen oder
verbundenen Augen soll Ihr Kind
durch Tasten erfühlen, worum es
sich handelt.

Vergrößern Sie die Anzahl der
Gegenstände in den folgenden
Tagen, solange das Spiel Ihrem
Kind Spaß macht: Nehmen Sie
verschiedene Früchte, Papiere und
Kartons sowie verschiedene
Stoffarten usw. hinzu.

** Ziel: Unterschiede durch
Tasten erkennen.

Wenn mehrere Kinder da sind,
lassen Sie «Blindekuh» spielen.
Dabei werden einem Mitspieler
die Augen verbunden. Er muß ein
Kind suchen und durch Tasten
feststellen, wen er gerade erwischt
hat. Danach werden diesem Kind
die Augen verbunden.

Ab 3;6 Jahren

** Ziel: Gezielt suchen, dabei systematsich vorgehen.

Je besser Ihr Kind das Suchen beherrscht, desto weniger Zeit wird es später für diese alltägliche Situation verbrauchen. Verstecken Sie interessante Gegenstände in der Wohnung, im Park oder auf dem Spielplatz. Geben Sie beim Suchen eine kleine Hilfe, indem Sie je nach Entfernung vom gesuchten Gegenstand «warm», «wärmer», «heiß» oder «kalt», «kälter», «sehr kalt» («eiskalt») zurufen.

Wenn Sie selbst zur Abwechslung suchen, können Sie Ihrem Kind zeigen, wie man systematisch vorgeht – ohne am gleichen Ort mehrmals nachzusehen.

** Ziel: Aufmerksam ein größeres Wahrnehmungsfeld optisch absuchen.

Lassen Sie Ihr Kind bei Spaziergängen nach Objekten suchen, die Sie nur erwähnen, ohne in ihre Richtung zu deuten: eine Tanne, einen Schmetterling, ein Reh usw. Darunter sollten sowohl Dinge sein, die sich sehr deutlich von der Umgebung abheben, als auch schwer erkennbare Objekte.

** Ziel: Einen bestimmten Gegenstand durch Sehen und Fragen auffinden können.

Sie kennen sicher das Spiel: «Ich sehe etwas, was du nicht siehst». Suchen Sie sich als Rateobjekt etwas aus, was Ihr Kind gut sehen kann. Dann soll es gezielt Fragen danach stellen (Ist es groß, ist es klein? Kann es sich bewegen? ...), die Sie jeweils mit ja oder nein beantworten. Wechseln Sie sich ab, damit Ihr Kind erfahren kann, wie Sie derartige Fragen formulieren.

*** Ziel: Wörter kennen und verwenden, die zur Beschreibung optischer Eindrücke dienen.

Versuchen Sie ab und zu, besonders treffende Eigenschaftswörter zur Beschreibung des anschaulichen Eindrucks von Gegenständen zu finden: die bauchige Kaffeekanne, der gebogene Schnabel usw.

Lassen Sie die erwähnten Formen von Ihrem Kind betrachten und betasten. Machen Sie es so mit vielen Wörtern vertraut, die besonders zur Beschreibung optischer Wahrnehmungen geeignet sind, wie dreieckig, viereckig, rund, oval, gezackt, gebogen, wellig, kurz, lang, gerade, krumm, geschwungen, verziert, groß, klein, dick, dünn, hohl usw.

** Ziel: Gerüche erkennen.

Machen Sie Ihr Kind bei Gelegenheit auf Gerüche aufmerksam, zum Beispiel auf Blumendüfte. Zeigen Sie ihm im Garten oder bei einem Spaziergang zwei verschiedenartige Blumen, lassen Sie es abwechselnd daran riechen und dann mit geschlossenen Augen erraten, an welcher Blume es gerade schnuppert.

Auch andere Düfte soll Ihr Kind kennenlernen, zum Beispiel – bei gebotener Vorsicht – solche, die Gefahren signalisieren: Benzingeruch, Gas, Alkohol, Brandgeruch usw.

Bei Ausflügen führen Sie ihm dann vor, wie es in einer Metzgerei riecht, im Fischgeschäft, im Schusterladen, in einem Zirkus, in der Nähe eines Raubtierkäfigs, im Kuh- oder Pferdestall usw.

Suchen Sie derartige «Riechproben» auch in der Nähe Ihrer Wohnung auf – damit lernt Ihr Kind seine Umgebung wesentlich besser kennen.

* Ziel: Düfte vergleichen und zuordnen.

Schneiden Sie zehn gleiche Streifen aus Karton aus und beträufeln Sie je zwei mit einer intensiv riechenden Flüssigkeit (Parfüm, Essig, Mundwasser usw.), oder reiben Sie eine Frucht daran. Ihr Kind soll nun am Geruch erkennen, welche beiden Plättchen jeweils zusammengehören.

** Ziel: Die vier wichtigsten Geschmacksrichtungen unterscheiden.

Die Zunge kann im wesentlichen zwischen vier Geschmacksrichtungen unterscheiden: süß, salzig, sauer, bitter. Suchen Sie sich mehrere Beispiele für jede Art. Zucker, Salz, Zitrone, bittere Mandeln usw. Lassen Sie Ihr Kind daran lecken, und sagen Sie die richtige Bezeichnung für die Geschmacksrichtung dazu.

** Ziel: Verschiedene Speisen mit Hilfe des Geschmacks- und Geruchssinns erkennen.

Bereiten Sie mehrere unterschiedliche Flüssigkeiten vor (Milch, Kakao, Pfefferminztee, Apfelsaft, Orangensaft, Bouillon, Sprudel o. ä.). Ihr Kind soll sie sich gut ansehen und die Bezeichnungen merken.

Dann werden seine Augen verbunden. Ihr Kind bekommt jeweils eine Löffelspitze zum Probieren. Geben Sie Ihrem Kind immer mal wieder neue Proben und Zusammenstellungen.

Jetzt lernt das Kind,
alles mit Wörtern auszudrücken

Grundlegende Anregungen

*** Ziel: Eigene Wünsche und Ideen mitteilen, sich mit einem Partner unterhalten und auf dessen Wünsche und Ideen eingehen; differenziert fragen und antworten.

Ein wichtiges Ziel bei der Sprecherziehung ist in diesem sowie in den beiden folgenden Vorschuljahren die weitere Entwicklung der Kommunikation des Kindes mit anderen. Sie wird vor allem im und durch das Gespräch angeregt und gefördert.

Die Gespräche mit oder zwischen Kindern spielen sich natürlich anders ab als die Gespräche zwischen Erwachsenen.

Auch zwischen Eltern und Kind sollte es einen ständigen Dialog geben. Er trägt dazu bei, den guten Kontakt weiter auszubauen. Probleme lassen sich leichter erkennen und abbauen.

Im kontinuierlichen Gespräch zwischen Eltern und Kind werden sich natürlich oft Wiederholungen ergeben. Doch die mehrmalige Behandlung eines bestimmten Inhalts oder die Beschreibung bereits bekannter Dinge ist keineswegs überflüssig. Sie festigt das Wissen und die Sprachgewohnheiten des Kindes und verhilft ihm zu einer flüssigen Sprechweise.

All das erleichtert ihm zugleich die Bewältigung von Situationen – nicht zuletzt deshalb, weil Sprechen über Dinge auch das Denken über sie voraussetzt und fördert.

Gestern sagten Sie zum Beispiel: «Ich streiche dir Marmelade auf das Brot, wenn du willst!», und heute fragen Sie: «Willst du lieber Marmelade oder Wurst auf dein Brot?» Ihnen fällt dieser Unterschied im Ausdruck normalerweise nicht auf – Ihr Kind muß jedoch schon genau hinhören und nachdenken.

Das Sprachverhalten Ihres Kindes wird durch solche kleinen Abweichungen jedesmal erweitert und angeregt. Es lernt neue Wörter, neue Satzmuster, neue Zusammenhänge usw.

Wichtig ist natürlich, daß ein Kind nicht nur Anweisungen, Anleitungen oder «kontrollierende Fragen» («Hast du deine Hände gewaschen?») von den Eltern hört. Ihr Kind wird sich lieber mit Ihnen unterhalten, wenn es erlebt, daß Gespräche zu Ergebnissen und Erfolgen führen.

Das bedeutet, daß der andere die

eigenen Wünsche kennenlernt, daß das Kind seine Abneigungen begründen kann, daß es selbst Begründungen erwarten darf.

Wichtig ist zusätzlich, daß viel über Ereignisse und Dinge gesprochen wird im Sinne von «Unterhaltung», also ein Sprechen, das nicht unmittelbar mit Handlungen und Erwartungen zu tun hat usw.

All das führt bei ihm dazu,
– daß es gern spricht und sich ausdrückt;
– daß es fragt und antwortet, um zum Beispiel die eigenen Interessen auszudrücken;
– daß es gern zuhört (weil der andere etwas Interessantes sagt, weil er «farbig» spricht, weil er begründet, weil er erklärt);
– daß es Verstehen übt und dabei neue Wörter, Sprachmuster und Sinninterpretationen kennenlernt, daß es Beziehungen herstellt und einprägt;
– daß es sprechend und argumentierend den Erwachsenen auf dessen Fehler aufmerksam macht, kleine Ablenkungsmanöver der Erwachsenen bemerkt und kritisch auch gegenüber seinen eigenen Aussagen wird.

So erweitert es nicht nur seine Sprachfähigkeit und seine Fähigkeit zur Kommunikation, sondern auch sein Denkvermögen, seine Kritikfähigkeit und das Verständnis für Argumente anderer. Es erlebt sich als eigenständige Persönlichkeit und lernt, seine Interessen zu artikulieren, sich selbst zu vertrauen und seine Fähigkeiten richtig einzuschätzen.

Wenn Sie immer wieder in Unterhaltungen auf Ihr Kind eingehen und seine Fragen geduldig beantworten, werden nebenbei fast alle wichtigen Einzelaspekte der Sprache gefördert: die richtige Aussprache, die Erweiterung des Wortschatzes, das Kennenlernen von Satzmustern und Ausdrucksweisen, die Farbigkeit der Sprache usw.

Das Gespräch dient dem Aufbau und der Erhaltung des sozialen Kontakts zwischen Eltern und Kind und ist auch Zeichen einer guten emotionalen und sozialen Beziehung zwischen ihnen.

Gleichzeitig ist aber das gegenseitige Verstehen Voraussetzung und Bedingung für das sprachliche Lernen. Nur auf dieser Basis wird die Einübung eines sensiblen Sprachverhaltens wirklich erfolgreich sein.

Dagegen wäre das Trainieren bestimmter sprachlicher Leistungen ohne sonstige Kommunikation ein Dressurakt, der das Kind zu einem passiven, abhängigen Partner machen würde.

*** Ziel: Sprachliche Formen erkennen, den Wortschatz erweitern; Sinnzusammenhänge und Handlungsabläufe von schriftlichen Texten erkennen; konzentriert zuhören.

Eine der wichtigsten sprachlichen Anregungen besteht – neben dem

Gespräch – im Kennenlernen verschiedener Textarten: Kinderreime, Gedichte, Lieder, Geschichten und (mit Einschränkungen) Märchen.

Durch all diese Formen wird das Wissen des Kindes erweitert. Sein Wortschatz vergrößert sich, es verbessert seine sprachliche Ausdrucksfähigkeit, lernt neue Wortbedeutungen kennen und übt das Hinhören und Aufnehmen von Aussagen.

♦ Kinderreime, Gedichte
Für Kinder gibt es zahlreiche Gedichtsammlungen, die man mit Sorgfalt in der Buchhandlung für das Kind auswählen sollte.

Sie nehmen Bezug auf eine Welt, die Kinder zum Teil nur vom Hörensagen kennen. Auch Hexen, Zauberer und andere Gruselfiguren können darin vorkommen. Was Ihr Kind ängstigt, sollten Sie weglassen.

Wenn Sie ihm Gedichte vorsprechen oder vorlesen und den Inhalt erklären, erfährt es, daß man mit der Sprache noch etwas anderes tun kann als nur Inhalte vermitteln – etwa im Spiel mit Wörtern, Reimen, Buchstaben und Rhythmen.

Viel Anklang findet zum Beispiel das Suchen von Reimpaaren: Tisch–Fisch, Haus–Maus, Flasche–Tasche usw. (Sie nennen ein Wort, Ihr Kind sucht ein passendes Reimwort.)

Wenn Sie Ihrem Kind Gedichte wiederholt vorsprechen, übt es sein Gedächtnis. Machen Sie es sich deswegen zur Regel, Ihrem Kind in jeder Woche mehrere Gedichte vorzulesen.

In jedem guten Buchgeschäft können Ihnen geeignete Gedichtbände gezeigt werden. Neben den Gedichtsammlungen eines einzelnen Autors sollten Sie unbedingt auch ein bis zwei Sammelbände beschaffen: Dadurch wird die Vielfalt der Gedichte, Verse und Reime wesentlich erhöht, und Sie können leichter eine geeignete Auswahl treffen.

Wenn Sie mit Ihrem Kind ein Gedicht (oder einen Liedertext) zum erstenmal durchsprechen, können Sie sich an folgenden Leitfaden halten:
– Lesen Sie das Gedicht langsam und deutlich vor.
– Sprechen Sie mit Ihrem Kind über den Inhalt, erklären Sie ihm unbekannte Wörter oder Sachverhalte, wiederholen Sie die wichtigsten Gedankengänge. Vielleicht kann auch Ihr Kind erzählen, woran es bei dem Gedicht denkt oder was ihm selbst dazu einfällt. Machen Sie es auch auf formale Dinge, wie etwa Reime, aufmerksam.
– Lesen Sie das Gedicht noch einmal vor, und ermuntern Sie Ihr Kind zum Mitsprechen.
– Wiederholen Sie das Gedicht in den nächsten Tagen immer wieder mal.
– Sprechen Sie es Ihrem Kind auch in den nächsten Wochen öfter

einmal vor (vorausgesetzt, daß es ihm gefällt). Dann wird es wahrscheinlich bald Satzteile oder auch das ganze Gedicht mitsprechen können. Aber drängen Sie zu keinem Zeitpunkt darauf, es auswendig «aufsagen» zu können.

♦ Geschichten
Beim Vorlesen längerer Geschichten (das gilt mit Einschränkung auch für das Erzählen) übt das Kind, genau hinzuhören und dem Gang der Geschichte zu folgen. Es stellt dabei Beziehungen zwischen einzelnen Informationen her und versucht, die Handlungsweise der auftretenden Menschen oder Tiere zu verstehen. Es bangt und freut sich mit dem «Helden». Jüngere Kinder – Drei- und Vierjährige – identifizieren sich weitgehend mit dem Geschehen.

Die Geschichten müssen also sehr sorgfältig ausgewählt werden. Das Kind weiß ja zum Beispiel noch nicht, daß die meisten Geschichten (jedenfalls in Kinderbüchern) einigermaßen gut enden.

Ein wichtiges Kriterium bei der Beurteilung ist der soziokulturelle Hintergrund der Geschichte. Situationen und Umgebungen, die für Kinder heute nicht mehr auffindbar sind (wie etwa die Königreiche der Märchen mit ihren Prinzessinnen, Rittern usw.) haben geringere Bedeutung als noch vor hundert Jahren, sie haben an Informationswert eingebüßt. Sie lösen teilweise Wünsche aus, die nicht zu realisieren sind. Erst wenn das Kind in seiner Umwelt und Erlebnisweise genügend gefestigt ist, kann es sich auch mit wirklichkeitsfernen Situationen auseinandersetzen.

Ähnliches gilt auch für die Motivation und Handlungsweise der Personen. Die Geschichten und Darsteller sollten überwiegend die Realität widerspiegeln.

Das schließt ein, daß Sie Ihr Kind mit Geschichten auch auf mögliche Situationen vorbereiten können, die es noch nicht kennt: auf bestimmte soziale Konflikte, auf einen Krankenhausaufenthalt usw.

Zu allen nur möglichen Themen gibt es eine Vielzahl guter Bücher. Wenn Sie selbst unsicher sein sollten, lassen Sie sich in einer Buchhandlung mit einer guten Kinderbuchabteilung beraten.

Später können Sie dann auch Themen mit einbeziehen, die die gegenwärtige gesellschaftliche und soziokulturelle Situation widerspiegeln: Umweltdiskussion und -erziehung, Friedenserziehung, Veränderung von Familiensituationen (zum Verständnis des Kindes für die unter Umständen veränderte Lebenssituation eines Freundes oder einer Freundin, zum Beispiel durch die Trennung einer Familie, Krankheit oder Tod), Ausländerproblematik («Jeder ist fast überall Ausländer»), Arbeitslosigkeit, Armut von Familien.

Daneben braucht Ihr Kind aber natürlich auch mehrere Bilderbücher mit und ohne Text. Jeder Buchtyp hat seine ganz speziellen Vorteile. Bei Geschichten ohne Illustrationen muß sich das Kind ganz auf den Text konzentrieren. Es übt also das gute Zuhören und das Entwickeln eigener Vorstellungen.

Bei bebilderten Erzählungen, die sich für dreijährige Kinder besonders eignen, wird auch das visuelle Erleben angesprochen.

Bilderbücher mit sehr kurzen Texten sollte Ihr Kind beim «Lesen» selbst in der Hand haben. Wenn das Bild in allen Einzelheiten genügend bestaunt wurde, lesen und sprechen Sie die dazugehörigen Textzeilen.

Versuchen Sie gelegentlich festzustellen, welche Gedankengänge Ihr Kind beim Zuhören hat.

Wie beim Fernsehen können Sie auch gelegentlich beim Geschichtenvorlesen beobachten, daß Ihr Kind zwar beteiligt zuhört und deutlich reagiert (es lacht, es wirkt entspannt usw.), daß es aber die Geschichte im ganzen nicht erfaßt. Dann ist die Geschichte ungeeignet (zu kompliziert, uninteressant oder ähnliches). Machen Sie es sich deshalb zur Regel, nach dem Vorlesen noch einmal kurz auf den Inhalt einzugehen.

Es gibt Bücher, in denen fortlaufende Geschichten ganz ohne Text, nur durch eine Folge von Bildern erzählt werden. Das Kind kann die Handlung selbst nachvollziehen.

Bilder- und Kinderbücher müssen sorgfältig ausgewählt werden, weil sie den Geschmack des Kindes nachhaltig beeinflussen.

Seine Aktivität wird dadurch natürlich noch mehr geweckt und herausgefordert. Es kann kreativ sein, die Handlung ausschmücken, erweitern, interpretieren usw.

Ab 3;0 Jahren

** Ziel: Vergangenes in der richtigen Reihenfolge und im Zusammenhang beschreiben.

Fragen Sie Ihr Kind öfter, was es mit seinen Freunden gespielt hat. Bitten Sie es gelegentlich, einem Familienmitglied (Ihrem Partner, den Großeltern usw.) den Ablauf des vergangenen Tages zu schildern, den nur Sie miterlebt haben. Helfen Sie ihm dabei, der Reihe nach zu erzählen.

So lernt es, Erinnerungen wachzurufen, geistig zu ordnen und verständlich mitzuteilen. Das bereitet zugleich darauf vor, in die Zukunft zu planen (Denktraining).

** Ziel: Mit anderen Menschen sprechen, auf Fragen antworten, Dinge aus dem eigenen Erlebnisbereich mitteilen.

Geben Sie Ihrem Kind Gelegenheit, aus dem Gedächtnis Dinge und Ereignisse zu beschreiben. Bitten Sie es zum Beispiel, Ihren Bekannten oder seinen Spielfreunden etwas von seinem kleinen Hamster, von seiner Puppe usw. zu erzählen. Wenn ihm dabei mit Interesse zugehört wird, sieht es den Sinn einer derartigen Erzählung. Es wird ermutigt, ausführlich und genau zu beschreiben.

** Ziel: Längere Sätze sprechen, inhaltsreiche Aussagen merken, Kurzzeitgedächtnis entwickeln.

Kündigen Sie dieses Spiel direkt als Sprachspiel an: «Wir wollen jetzt mal einen ganz langen Satz sprechen. Sag bitte nach: Der Vogel fliegt zum Baum... Der bunte Vogel fliegt zum Baum... Der bunte Vogel fliegt mit einem Wurm im Schnabel zum Baum» usw. Fügen Sie jedesmal nur eine kurze Aussage hinzu. Nach einigen Tagen wird Ihr Kind dann einen anderen Kettensatz selbst erweitern.

Ab 3;6 Jahren

*** Ziel: Auskünfte einholen, Fragen stellen.

Ermutigen Sie Ihr Kind, sich selbst bei anderen Menschen zu erkundigen (einem Polizisten, einem Verkäufer, dem Briefträger). Anfangs müssen Sie es dabei natürlich noch sehr unterstützen. Es hat vielleicht eine gewisse Scheu, Fremde anzusprechen.

Stellen Sie die erste Frage, zum Beispiel im Kaufhaus: «Warum darf man das Schaukelpferd im Supermarkt nicht mehr benutzen?» Antwort: «Es ist kaputt!» Nun fragen Sie Ihr Kind, ob es von der Verkäuferin noch mehr wissen will, zum Beispiel warum das Pferd kaputtgegangen ist usw. Drängen

Sie Ihr Kind jedoch nicht, weitere Fragen zu stellen. Vielleicht wirkt die angesprochene Person wenig vertrauenerweckend. Warten Sie dann auf eine andere Gelegenheit.

*** Ziel: Lustige Wörter erfinden, mit Lauten spielen.

Wenn Ihr Kind eine neue Puppe, einen neuen Teddy usw. bekommt, kann es ihnen Namen geben. Sofern es nicht spontan äußert, wie die Puppe (oder ein bestimmtes Bauwerk, ein von ihm gemaltes Bild usw.) heißen soll, regen Sie es bei der Namensuche an, zum Beispiel: «Jetzt hast du einen kleinen Spatz gemalt. Ich nenne das Bild ‹Tirilo›, weil Spatzen immer so lustig zwitschern.»

Ihr Kind wird anfangs Schwierigkeiten bei diesen Spielen haben, weil es an bekannten Namen und Wörtern hängt. Es muß erst entdecken, daß man selbst neue Wörter erfinden kann. Doch nach einigen derartigen Wortschöpfungen wird es selbst zu eigenen Einfällen angeregt. Bei dieser kreativen Form des Umgangs mit der Sprache sollte ein erkennbarer Zusammenhang zwischen dem bekannten Gegenstand und der Wortschöpfung bestehen (etwa im Wortklang).

*** Ziel: Hörfähigkeit differenzieren, bestimmte Buchstabenkombinationen unterscheiden.

Fragen Sie Ihr Kind nach dem Unterschied zwischen Hand und Land, zwischen Nuß und Fuß, zwischen Tasse und Gasse usw. Es geht dabei um die Unterscheidung einzelner Buchstaben. Hier sind noch einige Beispiele für dieses Sprachspiel: Kranz–Tanz, Rosen–Hosen, Brücke–Krücke, Topf–Zopf, Gras–Has usw. Weitere Beispiele finden Sie leicht über die Reime aus einem Gedichtband.

*** Ziel: Geschichten erfinden, die eigene Phantasie einsetzen.

Erzählen Sie gelegentlich den Anfang einer erdachten Geschichte. Wenn die Hauptpersonen eingeführt sind und eine Handlung begonnen hat, setzt Ihr Kind die Geschichte sicher gern fort: «Wie kann es weitergehen?» Dabei hat es nicht nur die Möglichkeit, einen eigenen Gedanken zu entwickeln, der die Geschichte besonders passend weiterführt, es kann auch bestimmte Ängste und Befürchtungen, natürlich auch seine Zuversicht zeigen (und das ist für Ihr Verhalten gegenüber dem Kind wichtig). Wenn es nicht mehr «weiterweiß», geben Sie ihm einige Tips.

*** Ziel: Wissen, wie man telefoniert; Wichtiges mitteilen können.

Wenn Ihr Kind bisher noch wenig telefoniert hat, machen Sie es jetzt damit vertraut. Rufen Sie es einmal an, wenn es zu Besuch bei Freunden ist oder wenn es sich mit einem Erwachsenen in Ihrer eigenen Wohnung befindet. Wenn Sie es dann wiedersehen, können Sie noch einmal über das Telefonat sprechen. Erst dadurch wird das Kind wahrscheinlich überzeugt werden, wirklich mit Ihnen gesprochen zu haben.

Sie können Ihr Kind leichter mit dem Telefonieren vertraut machen, wenn Sie in der Wohnung ein Kindertelefon installieren, das die Unterhaltung von Raum zu Raum erlaubt. In jedem Fall sollte Ihr Kind im nächsten Jahr lernen, wie es mit einem richtigen Telefon jemanden anrufen kann. Das Telefonieren sollte ihm bald zu einer Selbstverständlichkeit werden – nicht nur im Notfall, sondern auch, um «zu Hause» anrufen zu können.

Die Wißbegier Ihres Kindes steigert die Denkaktivität

Grundlegende Anregungen

*** Ziel: Erfahren, daß die meisten Dinge in einer Beziehung zueinander stehen, daß sie miteinander etwas zu tun haben und daß sie sich beeinflussen. Wissen, wie man sich diese wechselseitige Bezogenheit nutzbar machen kann.

Dreijährige Kinder stellen häufig «Warum-Fragen». Diese Fragen verlangen mehr als das bloße Beschreiben einer Sache. Hier muß man dem Kind Zusammenhänge zwischen den verschiedenen Dingen deutlich machen.

Ein Beispiel: Das Kind hat erfahren, daß zwischen dem Hinunterfallen einiger Gegenstände vom Tisch und dem Abschieben dieser Gegenstände über die Tischkante hinaus ein Zusammenhang besteht. Das bedeutet, daß man das Fallen einer Sache bewußt herbeiführen kann (man schiebt den Gegenstand so lange, bis er über die Tischkante rutscht).

Das bedeutet aber auch, daß man Dinge dadurch vor dem Fallen bewahrt, daß man verhindert, daß sie zu nahe an der Tischkante stehen bzw. versehentlich über die Tischkante geschoben werden.

Dieses Wissen, daß zwischen Handlung und Ereignis ein Zusammenhang besteht, verleiht dem Kind eine gewisse Macht über seine Umwelt.

Es lernt allmählich, welche Handlungen welche Wirkungen haben. Es lernt außerdem, daß es um so mächtiger und dadurch auch selbständiger und selbstsicherer wird, je mehr es derartige Zusammenhänge und Beziehungen zwischen den verschiedenen Dingen und Sachverhalten kennt und je mehr es von dieser Kenntnis Gebrauch machen kann, sie einzusetzen weiß.

Der Beweggrund seiner Fragen ist also der Wunsch, die eigenen Möglichkeiten zu erweitern. Dazu können Sie ständig beitragen, indem Sie alle seine Fragen beantworten, auch dann, wenn es immer wieder das gleiche fragt; das zeigt, daß es «mehr» darüber wissen will. Versuchen Sie also, alle Fragen Ihres Kindes unter diesem Aspekt zu sehen.

Bleiben Sie auch nicht bei der erstbesten Antwort stehen, die Ihnen einfällt. Erweitern Sie das Wissen Ihres Kindes, indem Sie noch andere Dinge erwähnen, die mit dem Erfragten in Verbindung stehen. Stellen Sie zu den anderen Kenntnissen des Kindes eine Beziehung her, veranlassen Sie Ihr Kind, eine Feststellung zu überprüfen, bringen Sie einen Vergleich mit einem ähnlichen Fall.

Überfordern Sie es jedoch nicht dabei. Das Interesse Ihres Kindes regen gerade die Informationen an, die eine nicht allzu große Diskrepanz zu seinem bisherigen Wissen aufweisen.

Ein Beispiel: Ihr Kind fragt, warum ein Apfel vom Baum fällt. Dann sollten Sie mindestens auf so naheliegende Aspekte hinweisen: Der Apfel wird am Baum immer schwerer – dann kann der Stiel abreißen wie ein Faden, an dem ein zu schwerer Gegenstand hängt (das könnten Sie ihm dann am nächsten Tag – nicht alles auf einmal – zeigen). Der Wind bewegt den Apfel immer hin und her, dadurch wird der Stiel am Ansatz brüchig. Schließlich wird der Stiel im Herbst trockener – damit läßt seine Elastizität und Haltbarkeit nach (Vergleich zwischen einem trockenen und einem grünen Grashalm). Außerdem erwähnen Sie noch, daß alle Dinge, die nicht fest genug aufgehängt sind oder nicht von unten gestützt werden, herunterfallen.

Nochmals in Stichworten zusammengefaßt:
– Zeigen Sie Beziehungen zwischen Dingen auf, wenn Ihr Kind sie fragt.
– Bringen Sie mehrere Beispiele, die den gleichen Sachverhalt illustrieren.
– Erläutern Sie den Sachverhalt möglichst durch ein kleines, augenfälliges Experiment.
– Zeigen Sie, wenn möglich, den allgemeinen Zusammenhang auf.

*** Ziel: Entwickeln von kreativen Fähigkeiten.

Kreatives Denken – was ist das? Es wird umschrieben mit Worten wie Einfallsreichtum, Originalität, Beweglichkeit (Flexibilität) des Denkens, Flüssigkeit der Gedanken und Einfälle, Erfinden und Entdecken.

Kreativität bezieht sich nicht nur auf den künstlerischen Prozeß, sondern auf alle gedanklich zu bewältigenden Probleme. Sie ist auch bei alltäglichen, nicht ausschließlich bei «genialen» Denkvorgängen wirksam.

Ungünstige Bedingungen können die Kreativität eines Menschen beeinträchtigen:
– autoritäre, einengende und einschränkende Erziehung;
– Lernen durch Drill: Das Kind lernt dabei keine Zusammenhänge kennen, sondern speichert unverbundenes, nicht durchdachtes Einzelwissen;
– der Zwang zu besonders schnellen Antworten und Problemlösungen, also extremer Leistungsdruck;
– das Angebot allzu vieler Lernanreize, so daß das Kind das neue Wissen nicht selbst produktiv

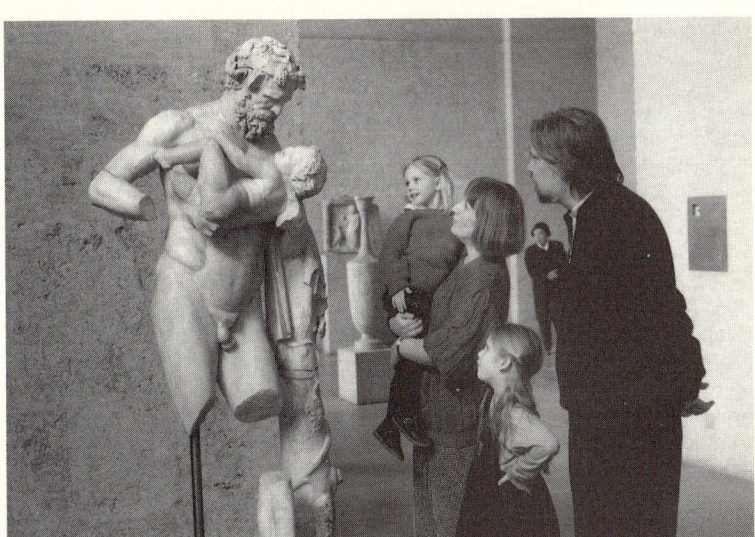

«Zuerst haben wir das Original genau angesehen, dann ein Foto davon für unser Album mit nach Hause genommen.»

verarbeitet, erprobt und anwendet;
- abschätziges Kritisieren der Eigeninitiativen und Aktivitäten des Kindes, so daß es sich nicht selbst von der Unmöglichkeit eines Vorhabens überzeugen kann;
- Abwertung (Lächerlichmachen) des spielerischen, erprobenden Verhaltens des Kindes als «babyhaft» oder «kindisch»;
- allgemein geringe Anerkennung von Leistungen.

Statt dessen sollten sich Eltern und Erzieher/innen so verhalten:
- Sinn haben für neue Anregungen, für Abweichungen von der Norm bis zu einem gewissen Grad, und dies auch dem Kind zubilligen;
- Neuartiges und Überraschendes betonen und fördern;
- sich (als Eltern und Vorbilder) nicht immer an Konventionen halten, sondern Rollenfixierungen durchbrechen, spielen, erfinden, experimentieren, umdenken und das Kind an diesen Verhaltensweisen teilnehmen lassen;
- Neugierde und Interesse des Kindes auf breiter Ebene fördern (vermeiden Sie zu spezielle und einseitige Förderung einzelner Bereiche.)

Mit diesen Verhaltensweisen werden ausgefahrene oder schmalspurige Bahnen vermieden, das Denken wird nicht eingeengt.

Ab 3;0 Jahren

** Ziel: Räumliche und zeitliche Begriffe verstehen, bei der Beschreibung entsprechender Situationen anwenden.

Gebrauchen Sie möglichst viele Verhältniswörter (Präpositionen) und Umstandswörter (Adverbien), die räumliche und zeitliche Beziehungen beschreiben:
auf, unter, über, vor, hinter, nach, während, links von, rechts von, neben, dazwischen, hinten, vorne, oben, unten, vorher, nachher, früher, später, anfangs, zuletzt, gestern, heute, morgen usw.

Wenn Ihr Kind nach einem Gegenstand fragt, sagen Sie also nicht: «Schau, da liegt er», während Sie in die Richtung zeigen, sondern sagen Sie: «Die Brezel liegt neben dem Brotkorb auf dem Schrank.» Der durch die Beschreibung ausgelöste Denkimpuls ist aktivierender als nur das Zeigen.

Sie können aus solchen Übungen ein Suchspiel mit vielen einzelnen Beispielen machen: «Der Schlüssel liegt unter dem Hut. Bitte zeig ihn mir...», oder: «Der Schlüssel wird in das Schlüsselloch gesteckt, das Schlüsselloch ist in der Tür, die Tür befindet sich rechts neben dem Schrank...»

Bei Zeitangaben ist das etwas schwieriger. Fragen Sie hier zum Beispiel: «Wann waren wir beim Einkaufen? Was haben wir vorher gemacht? Was werden wir nach dem Essen tun?» Mit dem sicheren Gebrauch von Raum- und Zeitbestimmungen kann sich Ihr Kind wesentlich leichter orientieren und Ereignisse und Sachverhalte geistig einordnen.

** Ziel: Vorbild und Abbild vergleichen, nach einem Vorbild ein Abbild herstellen.

Setzen Sie sich zu Ihrem Kind, wenn es mit seinen Bausteinen beschäftigt ist, und bauen Sie das «Bauwerk», das es gerade errichtet, nach. Das Kind wird dies bemerken. Ein anderes Mal bitten Sie Ihr Kind, Ihr Gebäude nachzubauen – wählen Sie aber einen Schwierigkeitsgrad, den Ihr Kind leicht schafft, und benutzen Sie nicht mehr als etwa zehn Steine.

Dann wieder bauen Sie etwas nach, was Ihr Kind gemacht hat – aber mit einem auffälligen Unterschied. Bitten Sie Ihr Kind, den Unterschied zu suchen. Wiederholen Sie dieses Spiel alle ein bis zwei Monate. Ähnliche Möglichkeiten des Vergleichens bieten sich auch beim Zeichnen oder Ausschneiden.

*** Ziel: Vergleichen und nach Länge, Dicke, Größe unterscheiden.

Suchen Sie an jeweils einem Tag drei Beispiele für jeden dieser Begriffe. Nehmen Sie zum Beispiel einen kurzen, einen langen und einen sehr langen Faden, ein dünnes, ein dickes und ein sehr dickes Buch, einen kleinen, großen und sehr großen Schuh usw.

Zuerst aufbauen, dann zerstören: Muß ich fest ziehen, bis das Bauwerk einfällt?

Verwenden Sie dabei auch die Steigerungen: lang, länger, am längsten; dick, dicker, am dicksten usw. Zeigen Sie an möglichst vielen Beispielen, was Sie mit diesen Aussagen meinen.

*** Ziel: Bis drei (vier) sicher zählen.

Ihr Kind sollte jetzt bis drei und in der zweiten Jahreshälfte bis vier zählen können. Geben Sie ihm dafür immer wieder Beispiele. Nehmen Sie zwei Bonbons in die rechte und eins in die linke Hand. Öffnen Sie kurz die Hand, dann die andere, und nennen Sie jeweils die Summe. Am nächsten Tag wiederholen Sie dieses Spiel, allerdings mit anderen Gegenständen und der Anzahl eins und drei sowie zwei und drei.

Wechseln Sie unbedingt die Gegenstände, sonst denkt Ihr Kind, daß Sie den Dingen neue Namen geben. Sagen Sie immer dazu, wie viele es sind. Machen Sie Ihrem Kind auch vor, wie man beim Zählen die Finger mitbenutzen kann, wie man bei jeweils der nächsten Zahl auch den nächsten Gegenstand zeigt und daß die zuletzt genannte Zahl die Summe nennt. Wiederholen Sie diese Zählweise alle vierzehn Tage.

* Ziel: Unterschiede in der Anzahl beachten und danach handeln.

Eine gute Vorübung (später auch eine begleitende Übung) für das Zählen ist das Aufreihen von Perlen oder das Flechten. Hier wechselt das Kind jeweils nach einem Grundmuster Perlen oder Farben nach je ein, zwei, drei oder vier Einzelelementen.

Sie können seine Bemühungen unterstützen, indem Sie ihm bestimmte Vergleichsmöglichkeiten zeigen: «Die beiden Abschnitte müssen gleich breit (lang) sein, wenn du sie nebeneinander hältst... es müssen von jeder Farbe gleich viele Perlen sein... wir zählen bei den roten Perlen eins, zwei, drei, vier, also müssen wir auch bei den blauen so zählen...» Beginnen Sie mit nur zwei verschiedenen Farben oder Größen.

Ab 3;6 Jahren

** Ziel: Die Funktionsweise ausgewählter Geräte verstehen.

Suchen Sie in Ihrem Haushalt einige Geräte aus, die noch rein mechanisch funktionieren, zum Beispiel eine alte Kaffeemühle, ein handbetriebenes Rührgerät, eine Saftpresse, einen Fleischwolf. Erklären Sie Ihrem Kind, wie diese Geräte funktionieren und wozu sie dienen.

Nehmen Sie, wenn möglich, die Geräte auch auseinander, damit das Kind die einzelnen Teile sehen und den ganzen Ablauf verstehen kann. Lassen Sie es freizügig damit umgehen, soweit das nicht gefährlich ist.

** Ziel: Den Gebrauchswert und die Verwendungsweise der Dinge kennen, die sich in der Wohnung befinden.

Sprechen Sie über Dinge, die Ihnen selbstverständlich sind, die Ihr Kind aber noch nicht genügend kennt. Zum Beispiel: In einem Bücherregal lassen sich die Bücher gut aufbewahren. Man kann jedes einzelne gut sehen. Lägen sie alle quer durcheinander, könnte man die unteren nur schwer zur Hand nehmen.

Oder: Wozu braucht man Schrank, Tisch, Stuhl, Bett, Messer? Was wäre, wenn wir diese Dinge nicht hätten? Später erweitern Sie diese Vergleiche (Wie wäre es, wenn wir das ... nicht hätten?) auch auf Dinge in der weiteren Umgebung.

Mit Schaum kann man sich unendlich lange beschäftigen.

** Ziel: Die Begriffe «alle», «einige» und «kein» richtig auffassen und verwenden.

Mit diesen drei Begriffen lassen sich Verallgemeinerungen und Einschränkungen ausdrücken, sie fordern das logische Denken des Kindes heraus. Bilden Sie Sätze, in denen diese Begriffe vorkommen: «Schau, jetzt lege ich alle Bohnen in den Topf!» – «Keine Bohne ist übriggeblieben!» Verwenden Sie das Wort «alle» bei jeder passenden Gelegenheit: «Alle Gläser sind zerbrechlich.» – «Alle diese Bausteine gehören dir.»

Genauso verfahren Sie mit dem Wort «einige»: «Einige Bäume stehen im Garten.» – «Einige Bücher stehen im Regal, einige liegen auf dem Tisch.» Schließlich üben sie auch systematisch den Gebrauch des Wortes «kein».

Gegen Ende des vierten Lebensjahres können Sie dann alle drei Wörter in einem Zusammenhang gebrauchen: «Einige Schuhe stehen vor dem Regal, einige Schuhe stehen im Regal, kein Schuh ist aus Stoff, alle Schuhe sind aus Leder.» An solchen konkreten Beispielen lernt Ihr Kind die Bedeutung dieser Wörter am besten.

** Ziel: Die Folgen bestimmter Verhaltensweisen und Handlungen vorher abschätzen und sich danach einrichten.

Sie selbst machen sicher oft genug Pläne für die nächsten Stunden oder Wochen. Lassen Sie Ihr Kind dabei «mitdenken». So wird es lernen, daß man die nähere und ferne Zukunft planen kann, daß man in einem gewissen Rahmen erwünschte Ereignisse herbeiführen und ungünstige vermeiden kann. Dazu bieten sich an: Wochenendplanung, Planung eines Stadtbummels, eines Spaziergangs oder eines Ausflugs. (Was muß mitgenommen werden, wenn es regnet, wenn es heiß wird, wenn man an einem See vorbeikommt?)

Ähnlich wie bei größeren Zeiträumen sollte Ihr Kind auch bei naheliegenden Ereignissen das Planen üben. Nehmen Sie Ereignisse im Gespräch vorweg. Stellen Sie Fragen wie diese:

– Was geschieht, wenn man Wasser in eine Wanne einlaufen läßt und den Hahn nicht abdreht?
– Was kann passieren, wenn man in der Nähe einer Fensterscheibe Ball spielt?
– Was geschieht, wenn man kein Benzin im Autotank hat?

Diese Formen des Vorwegdenkens und -planens machen Ihr Kind selbstsicherer. Es lernt, Gefahren abzuschätzen, sich vor ihnen zu schützen, und macht so in einigen Bereichen Ihre Vorsorge überflüssig.

Vielseitiges Grundwissen erleichtert die Orientierung

Grundlegende Anregungen

*** Ziel: Informationen aus verschiedenen Wissensgebieten aufnehmen, verarbeiten und wiedergeben können.

Früher sahen die Schulen ihr wesentliches Ziel darin, möglichst viel «Wissensstoff» zu vermitteln. Als die Wissenschaften immer mehr und immer schneller neue Ergebnisse (Stoff) produzierten, mußte man sich von der Vorstellung lösen, man könne ein «allumfassendes Wissen» erwerben. Das neue Ziel lag nun darin, die Fähigkeiten des Menschen zu fördern.

Der Wissensstoff wurde dabei nur als ein Mittel angesehen, Fähigkeiten zu erwerben. Diese pädagogische Absicht setzt sich heute unter dem Stichwort «Lernen des Lernens» fort. Dabei geht es nicht darum, einzelne Wissenseinheiten aufzunehmen, sondern zu wissen, wie man lernt, woher man fehlende Informationen bekommen kann, wie sie kombiniert und als Hilfe zur Lösung von Aufgaben verwendet werden können.

Wichtig erscheint auch deshalb, daß
– man ohne Nachschlagen über häufig benötigte grundlegende und exemplarische Informationen verfügen kann («wenig Wissen, das aber viel erklärt»),
– man Denkmethoden und Verarbeitungsweisen (kognitive Fähigkeiten) erwirbt, mit deren Hilfe weitere Informationen mühelos beschafft und richtig eingeordnet werden können,
– auch nach einer qualifizierten Ausbildung ständige berufliche Fortbildung (und teilweise Weiterbildung) erforderlich ist,
– lebenslängliches Lernen einschließlich der Motivation dazu selbstverständlich wird.

Wissen soll gesammelt werden, wenn es überschaubar, strukturiert, gesichert, vielseitig verwendbar und grundlegend ist. Das ist auch eine Voraussetzung für kreative Denkprozesse (das Hervorbringen von Einfällen und Ideen ist der erste wichtige Abschnitt des kreativen Denkens, das ohne verfügbare «Informationsbank» überhaupt nicht in Gang kommen kann).

Es geht also keineswegs darum, «Wissen» und «Wissenserwerb» schlechthin abzulehnen, sondern die richtige Auswahl aus der verfügbaren Wissensmenge zu treffen.

Auch einige Ergebnisse der Lerntheorie müssen hier beachtet werden. So beeinflussen zum Beispiel die früher gespeicherten Informationen die Aufnahme der nachfolgenden: In Experimenten wurde festgestellt, daß erlernte, aber wieder vergessene Gedichte beim späteren Lernversuch wesentlich schneller im Gedächtnis blieben als Gedichte, die neu erlernt werden sollten.

Weiter wurde erkannt, daß «Umlernen» besonders viel Mühe bereitet. Denn dabei müssen die früheren Informationen «gelöscht» werden, bevor die neuen eingeprägt werden können. Und das ist besonders schwierig, weil früher Erlerntes insgesamt besser haftet als später Gelerntes.

Man kann also späteres Lernen wesentlich erleichtern, wenn man darauf achtet, daß bereits früh wichtige Informationen aufgenommen werden («Angelhaken für späteres Wissen») und möglichst wenig Informationen dabei sind, die später korrigiert werden müssen.

Bitte denken Sie immer an diese Lernprinzipien, wenn Ihr Kind Ihnen Fragen stellt. Speisen Sie es nicht mit oberflächlichen oder falschen Antworten ab. Sie schaden ihm damit. (Beispiel: Wenn jemand gestorben ist, sollten Sie nicht behaupten: «Er ist weggegangen und kommt wieder!») Beantworten Sie alle Fragen immer eingehend und sachlich richtig.

Doch warten Sie nicht nur passiv, sondern regen Sie von sich aus wichtige Fragen bei ihm an. (Mit einer geschickten Frage Ihrerseits können Sie viele andere auslösen, die das Kind dann Ihnen stellt.) Eine Hilfe dabei sollen die folgenden Anregungen und Aufgaben sein. Sprechen Sie diese Themen an, damit Ihr Kind die Voraussetzungen für weitere Fragen erwirbt.

Andernfalls können ihm Wissensbereiche verschlossen bleiben, weil es (zufällig) die «Schlüsselfrage» nicht findet (so warten viele Eltern auf Fragen nach Geburt und Sexualität vergebens: Das Kind fragt nicht, es erfährt deshalb keine zuverlässige Information dazu; später wird es «auf der Straße» aufgeklärt).

Ab 3;0 Jahren

*** Ziel: Wissen über soziale Beziehungen innerhalb der Familie.

Machen Sie in diesem Jahr mehrere «Verwandtschaftsbesuche». Es kommt dabei nicht so sehr darauf an, daß Ihr Kind sich die genaue verwandtschaftliche Beziehung merkt. Wichtig ist, daß es die sozialen Verknüpfungen innerhalb der «Familie» im weiteren Sinn kennenlernt. Besuchen Sie die Großeltern, Ihre

Geschwister, Cousinen und Vettern usw.

Natürlich sprechen Sie dabei mit Ihrem Kind auch über die Art der Verwandtschaft. Aber der Besuch ist nicht umsonst gewesen, wenn Ihr Kind das wieder vergißt. Es erfährt nebenbei etwas über Wohnverhältnisse und Lebensgewohnheiten anderer Menschen, über ihre Tätigkeiten, es lernt die Kinder aus der Verwandtschaft kennen usw.

Erzählen Sie ihm auch über die eigene Familie viel, gegebenenfalls warum Sie umgezogen sind, wo Sie vorher lebten usw.

*** Ziel: Wissen, wie Arbeiten im Haushalt gewohnheitsgemäß erledigt werden.

Diese Anregung hat nicht den Sinn, Ihr Kind zu einem «Hausgehilfen» auszubilden. Es geht vielmehr darum, daß das Kind innerhalb des Haushalts verschiedene Grundtypen von Tätigkeiten und Handlungsabläufen kennenlernen kann, die später in einem anderen Zusammenhang auftauchen und verstanden werden müssen (zum Beispiel Fußboden reinigen – Straßenreinigung; Essen zubereiten – Fertiggerichtefabrik).

Zur Orientierung in der näheren Umwelt gehört auch das Einkaufen – die einzelnen Waren zu finden, ist sogar eine große Leistung.

Sie können seine Teilnahme bereits dadurch erreichen, daß Sie ihm nicht verbieten, Ihnen während der Hausarbeit «im Weg zu stehen». Das heißt zugleich, daß Sie sich etwas mehr Zeit für alles nehmen müssen. Denn Ihr Kind will dann selbstverständlich «mitarbeiten». Helfen Sie ihm dabei. Geben Sie ihm ein Arbeitsgerät richtig in die Hand, zeigen Sie ihm ausführlich den Gebrauch, warten Sie nicht ungeduldig auf die Rückgabe des Geräts. Einige Tätigkeiten, die dafür in Frage kommen, sind im folgenden aufgeführt.

– Küche: Vorbereiten der benötigten Eßwaren, Geräte usw.; einzelne Vorgänge wie Durchsieben, Rühren usw.; Herstellen eines Mittagessens aus verschiedenen Bestandteilen (verschiedene Zutaten; verschiedene Gänge); Vergleich verschiedener Mittagsmahlzeiten; Hinweise darauf, nach welchen Gesichtspunkten Nahrungsmittel ausgewählt werden; Tischdecken; Aufräumen der Küche nach dem Essen;
– andere alltägliche Haushaltsarbeiten: Aufräumen in den Zimmern; Bettenmachen; reinigen der Böden und Fenster; Abstauben; Badezimmerreinigung;
– Wäsche und Kleider: Waschen mit der Waschmaschine; Ausbürsten und Lüften von Kleidung; Reinigung in speziellen Geschäften; Einordnen der Wäsche und Kleider in den Schrank.

Damit Ihr Kind diese Arbeiten richtig einzuschätzen lernt (und sie zum Beispiel nicht als spezifisch «weibliche» Tätigkeiten betrachtet), sollten Sie es gelegentlich außerhalb des Haushalts auf ähnliche Arbeiten aufmerksam machen:

Lassen Sie es bei der Arbeit in einer Restaurantküche zuschauen, beim Saubermachen im Hotel oder in Büroräumen, beim Waschen in einem Waschsalon usw. So sieht es, daß diese Arbeiten als berufliche Tätigkeit gelten und sowohl von Männern als auch von Frauen ausgeführt werden. Versuchen Sie auch zu erklären, daß dafür Entgelt bezahlt wird.

*** Ziel: Verschiedene Arten der Fortbewegung kennen, ihre Unterschiede beachten.

Planen Sie in diesem Halbjahr zwei bis drei Ausflüge, bei denen verschiedene Verkehrsmittel benutzt werden: Fahrrad, Auto (Taxi), Bus, Zug, eventuell auch Flugzeug oder Schiff. Sprechen Sie mit Ihrem Kind über die Unterschiede der Fahrzeuge, ihr verschiedenes Tempo, ihre Vor- und Nachteile (Schnelligkeit, Preis), die Art, wie sie funktionieren. (Wenn keine Flugreise möglich ist, gehen Sie zu einem Flugplatz und beobachten den Betrieb dort.)

*** Ziel: Verkehrserziehung.

Spätestens jetzt müssen Sie mit der Verkehrserziehung beginnen. Bereiten Sie Ihr Kind darauf vor, sich im Straßenverkehr richtig zu verhalten, so daß es auch in Notfällen zurechtkommt (etwa wenn Sie sich im Gewühl verlieren). Auch wenn Sie Ihr Kind vorerst noch nicht allein dem Straßenverkehr aussetzen wollen, kann es in eine solche Situation kommen. Folgende Grundregeln sind wichtig:

– Verhalten Sie sich selbst stets korrekt (als Fußgänger nur bei «Grün» über die Straße gehen, als Autofahrer bei «Gelb» halten, Einhaltung auch aller übrigen Verkehrsregeln). Ihr Kind lernt überwiegend durch Ihr Vorbild.
– Lassen Sie sich nie in «gefährliche Situationen» ein (schnell über die Straße laufen usw.).
– Sprechen Sie mit Ihrem Kind über Ihr Verhalten im Verkehr.

Machen Sie Ihr Kind durch häufiges Erklären und Üben mit folgenden Situationen vertraut:
– Überqueren einer wenig befahrenen Straße.

Mit der großen Linse sieht man alles noch viel genauer.

– Bei Verkehrsampeln auf «Grün» warten, dann die Straße zügig, aber nicht hastig überqueren.
– Immer den Gehweg benutzen.
– Auf bestimmte Zeichen achten, die ein anderer Verkehrsteilnehmmer oder ein Verkehrspolizist gibt (Handzeichen, Blinken usw.).
– Niemals einem über die Straße laufenden Kind oder einem über die Straße rollenden Ball unachtsam nachrennen.
– Niemals zwischen zwei parkenden Autos auf die Fahrbahn laufen.

* Ziel: Ein Tier gut kennenlernen, sein Verhalten und seine Bedürfnisse beachten.

Besorgen Sie Ihrem Kind – sofern Sie bisher noch kein Haustier hatten – nach Möglichkeit ein Tier. Auch in einer Wohnung lassen sich zum Beispiel Schildkröte, Meerschweinchen, Kanarienvogel oder Wellensittich halten. Hamster sollten beim Kauf drei Monate alt sein, da jüngere Tiere einen Erreger der Hirnhautentzündung übertragen können. Größere Tiere wie Hunde, Katzen oder Hasen brauchen Auslauf oder einen größeren Spielraum. Sicher wird Ihr Kind die regelmäßige Pflege und Fütterung noch nicht übernehmen können. Doch es lernt viel bei der Beobachtung und beim Spielen mit dem Tier. Nach und nach ergänzen Sie sein Wissen über seinen Spielgefährten (mit Hilfe eines Lexikons oder spezieller Tierbücher).

* Ziel: Wissen, wie man eine Pflanze pflegt.

Halten Sie sich eine Pflanze in der Wohnung, die möglichst lange blüht. Lassen Sie Ihr Kind an der Pflege mitwirken. Erklären Sie ihm, warum sie im Licht oder im Schatten steht, warum und wie sie umgetopft werden muß, warum sie Dünger braucht usw. Vielleicht können Sie auch schon einen Ableger frisch setzen und seine Weiterentwicklung gemeinsam mit dem Kind verfolgen.

** Ziel: Einige Vogelarten kennenlernen.

Kaufen Sie (im Fachhandel) eine Vogelkarte, und hängen Sie sie im Kinderzimmer auf. Ihrem Kind wird es Spaß machen, die im Freien beobachteten Vögel auf den Abbildungen zu suchen. Beobachten Sie deshalb mit Ihrem Kind Vögel im Park, und richten Sie im Winter vor dem Fenster oder auf dem Balkon eine kleine Futterstelle ein.

Ab 3;6 Jahren

*** Ziel: Drei ausgewählte Berufe kennenlernen; «Berufsrolle» begreifen; wissen, was «Arbeit» bedeutet.

In den nächsten Monaten sollte Ihr Kind drei ausgewählte Berufe gut kennenlernen. Wählen Sie als Beispiel etwa einen Friseur, einen Arzt und einen Maurer.

Informieren Sie Ihr Kind über folgende Punkte:
– Wem nützt diese Arbeit, wer bezahlt diese Personen?
– Welche verschiedenen Arbeiten führen sie mit welchen Geräten an einem Arbeitstag aus?
– Wie lange und zu welchen Tageszeiten arbeiten sie?
– Welche Verantwortung tragen diese Personen im Beruf? Wie anstrengend ist die Arbeit? Welche Ausbildung brauchen sie, wieviel verdienen sie?
– Was macht der Berufstätige in seiner Freizeit, hat er eine Familie?

Damit diese Informationen besonders anschaulich gegeben werden, beobachten Sie die verschiedenen Personen bei ihrer Arbeit und erzählen Ihrem Kind eine Geschichte, in der Sie diese Informationen unterbringen.

** Das Wetter beobachten und lernen, welche Anzeichen auf welche Veränderung hindeuten.
  Beobachten Sie eine Zeitlang systematisch das Wetter. Dazu gehört, daß Sie Ihr Kind jeweils auf das Wetter aufmerksam machen, etwa so: «Gestern schien die Sonne, und deshalb konnten wir zum Spielplatz gehen. Heute müssen wir zu Hause bleiben, weil es in Strömen regnet ...»
  Erklären Sie, warum Sie für einen sommerlichen Ausflug auch Schirm und Jacke einstecken.
  «Vielleicht gibt es heute nachmittag noch ein Gewitter. Die Wolken sehen ganz danach aus. Auch im Wetterbericht wurde ein Gewitter angekündigt ...»

Die kleine Wetterkunde macht Ihrem Kind sicher besonders viel Spaß, wenn Sie etwa vierzehn Tage lang täglich eine «Wetterkarte» (in Postkartengröße) zeichnen. Teilen Sie die Karten in zwei Abschnitte: links wird das Wetter vom Vormittag, rechts das Wetter vom Nachmittag eingetragen. Verwenden Sie dabei ganz einfache Symbole: eine Sonne (für Sonnenschein), Wolken (für bedeckten Himmel), Regentropfen, Schneeflocken, einen gebogenen Baum (für starken Wind) usw. Die Karten hängen Sie nebeneinander im Kinderzimmer auf.

* Ziel: Wissen, wie aus einem kleinen Kern (Steckling, Frucht, Samen) ein Pflänzchen wächst.
  Für diese Planzenversuche eignen sich zum Beispiel Kastanien, Eicheln, Zitronenkerne, Blumenzwiebeln, Bohnen usw. Stecken Sie sicherheitshalber immer zwei bis drei Exemplare in den mit Erde gefüllten Blumentopf, eines davon wird dann bestimmt zu einer ansehnlichen Pflanze heranwachsen. Bei Bohnen können Sie auch ohne Erde auskommen: ein feuchter Wattebausch genügt, mit dem Sie den Samen umwickeln. Dabei kann Ihr Kind die einzelnen Wachstumsstadien besonders gut beobachten.

* Ziel: Kennenlernen und
Verstehen einiger einfacher
mechanischer Konstruktionen.
Mit einem Baukasten mit
beweglichen Teilen können Sie
Ihrem Kind wichtige technische
Grundprinzipien verdeutlichen.
Bauen Sie einfache Geräte, die
Sie dann zur Demonstration
verwenden können:
– einen vierrädrigen Wagen (Wo
ist die Ladefläche? Wo sind die
Räder? Wie drehen sich die
Räder, wozu braucht man eine
Achse?),
– einen dreirädrigen Wagen
(Kippt er leichter?),
– eine zweirädrige Karre (sie
rollt nicht mehr allein eine
schiefe Ebene hinunter – der
Mensch muß das dritte Rad
mit seiner Hand ersetzen),
– eine Schubkarre (hier ersetzt
der Mensch zwei Räder),
– eine Wippe (Wann geht das
Gleichgewicht verloren? Wie
kann man mit Gewichten oder
Verlängerung eines Hebelarms
das Gleichgewicht herstellen?),
– ein Windrad,
– ein Wasserrad,
– eine Seilbahn (mit Tragseil und
Zugseil, die von der Tischkante zum Boden gespannt sind).

Vergleichen Sie auch einzelne
Teile des Baukastens miteinander
(Klötzchen, Platten, Streben,
Wellen usw.). Überlegen Sie zum
Beispiel mit Ihrem Kind, wie
man Verlängerungen herstellen
kann, die nicht knicken. Viele

einfache Aufgabenstellungen
finden Sie in den Bauanleitungen
der Baukästen.

** Ziel: Beschaffenheit und
Eigenschaften einiger Materialien
kennenlernen.
– Gummi:
Spannen Sie ein Gummiband
(150 cm lang) in 20 cm Höhe
zwischen zwei Stühle, und
lassen Sie Ihr Kind darüber-
springen. Das Band wird ca.
alle zwei Wochen zwei Zenti-
meter höher gespannt.
Binden Sie eine Kugel an einen
Gummifaden, und lassen Sie
sie auf und nieder tanzen.
Blasen Sie einen Luftballon
auf.
– Wasser:
Lassen Sie Ihr Kind erfahren,
was man mit Wasser alles
anfangen kann: Eiswürfel
herstellen, spritzen, mit Hilfe
eines Gartenschlauchs einen
Regenbogen erzeugen.
Wasser trägt ein Boot oder
Papierschiffchen.
Wasser macht einen harten
Schwamm weich usw.
– Wachs:
Weiches Wachs läßt sich kneten
wie Plastilin, man kann mit
Wachs und einem Docht selbst
eine Kerze herstellen.
Flüssiges Wachs ist heiß (und
kann weh tun), das Wachs
einer Kerze verringert sich
beim Abbrennen.
– Draht (Kupferdraht, Blumen-
draht):

Aus Draht kann man Tiere und Figuren formen.
Wenn man Draht längere Zeit an derselben Stelle hin- und herbiegt, bricht er.
Aus Draht kann man die Träger für ein Mobile bauen. Draht leitet die Hitze, wenn man ihn zum Beispiel in eine Kerze hält.
– Papier:
Papier kann man gut falten (Segler, Papierflugzeuge, Masken herstellen).
Es gibt die unterschiedlichsten Arten von Papier: Pappe, Packpapier, Buchpapier, Schreibpapier, Zeichenpapier, Toilettenpapier, Seidenpapier, Wellpappe usw. Mit jeder dieser Papierarten kann man bestimmte Spielsachen besonders gut anfertigen.

Singen und Tanzen fördern
das musikalische Empfinden

Grundlegende Anregungen

*** Ziel: Akustische Phänomene differenziert aufnehmen und unterscheiden, musikalische Werke interessiert hören und mit körperlichen Ausdrucksmitteln oder einfachen Instrumenten nachvollziehen.

Um das zu erreichen, ist – und zwar mehr als in anderen Bereichen – eine lange und gezielte Förderung notwendig. Natürlich haben Sie es als Eltern etwas leichter, wenn Sie selbst ein Instrument spielen oder gut singen können.

Aber auch Eltern, die sich selbst für «unmusikalisch» halten, sollten die musikalische Förderung ihres Kindes nicht vernachlässigen. Die meisten der nachfolgenden Anregungen können auch von ihnen durchgeführt werden – sie fördern nicht nur das direkte musikalische Verständnis des Kindes, sondern sprechen auch die kognitiven, pragmatischen, emotionalen und sozialen Erfahrungs- und Lernbereiche an. Für das emotionale und sensible Verhalten stellt musikalische Förderung sogar ein sehr geeignetes Aktionsfeld dar.

Ab 3;0 Jahren

** Kennenlernen und Handhaben verschiedener Schallerzeuger, Kennenlernen einiger Musikinstrumente.

Geben Sie Ihrem Kind die Möglichkeit, selbst mit Geräuschen und Klängen zu experimentieren. Dazu eignen sich verschieden große Blechdosen, leere und gefüllte Gläser (zum Anschlagen), leere und gefüllte Flaschen (zum Blasen), verschieden lang gespannte Gummis (zum Anzupfen), Metalltopfdeckel, die man gegeneinanderschlägt, usw. So gewinnt Ihr Kind Einsicht in das Zustandekommen akustischer Phänomene.

Im Musikalienhandel erhalten Sie auch einfache Kinderinstrumente, wie Glockenspiel, «Clarina», Triangel usw. Nehmen Sie alle Gelegenheiten wahr, bei denen Ihr Kind ein Instrument sehen und hören kann. Beobachten Sie mit ihm Straßenmusikanten, Kapellen und Musikzüge, bleiben Sie gelegentlich vor den Schaufenstern eines Musikgeschäfts stehen, erklären Sie ihm einige Instrumente.

Instrumente auszuprobieren, ist für viele Kinder interessant – ein Instrument zu erlernen, ist demgegenüber wesentlich aufwendiger.

*** Ziel: Die menschliche Stimme als Ausdrucksmittel kennenlernen und benutzen.

Singen Sie täglich mit Ihrem Kind ein bis zwei Lieder (und zwar mit mehreren Strophen!). Wenn es das Lied gut kennt, nehmen Sie ein neues Lied ins «Repertoire» auf. So lernt Ihr Kind schon im Vorschulalter sehr viele Lieder kennen. Damit wird seine musikalische Entwicklung wesentlich angeregt. Es übt sich im Treffen der richtigen Töne und entwickelt allmählich einen Sinn für musikalische Verläufe.

Ab 3;6 Jahren

*** Ziel: Hören und Aufnehmen verschiedener Kompositionen.

Sie sollten Ihr Kind viele Arten von Musik hören lassen, klassische Musik ebenso wie Unterhaltungsmusik, Beat, Jazz usw.

Auch charakteristische Musikstücke aus fremden Ländern sollten Sie bewußt als andersartiges Kulturgut berücksichtigen. Machen Sie Ihr Kind dabei auch mit dem Namen des Komponisten, der Interpreten bekannt und nennen Sie das Land, in dem der Komponist lebt.

Machen Sie das möglichst als selbstverständliche Mitteilung, und vertrauen Sie hier ruhig auf die Wirkung der häufigen Wiederholung.

Es gibt viele Musikstücke, die für Kinder geschrieben und besonders geeignet sind, so etwa Bartóks

Klavierstücke «Für Kinder», Prokoffjews «Peter und der Wolf», der «Karneval der Tiere» von Saint-Saëns, die «Kindersymphonie» und die «Musikalische Schlittenfahrt» von Leopold Mozart.

Nur durch das wiederholte Hören derselben Aufnahme (CD, Kassette oder Schallplatte) wird das Kind mit der jeweiligen Komposition mehr und mehr vertraut. Ausschnittweises Wiederholen, Mitsingen und -klatschen oder -summen verstärken dieses Einprägen.

*** Ziel: Musik in Körperbewegungen umsetzen und selbst mit Klängen und Geräuschen ergänzen.

Zeigen Sie Ihrem Kind, daß es zur Musik nicht nur im Rhythmus tanzen, sondern auch andere Ausdrucksbewegungen machen kann.

Geben Sie Ihrem Kind verschiedene Geräte als «Instrumente», mit denen es Musik aus dem Lautsprecher ergänzen kann, zum Beispiel Blechdosen, Waschpulvertrommeln, Topfdeckel, ein Trillerpfeifchen. «Musizieren» Sie in der ersten Zeit selbst mit, denn dann macht Ihrem Kind das Spiel mehr Spaß, es verfolgt ihre «Einsätze» usw.

Anfangs werden wahrscheinlich Rhythmus und Takt bei der Begleitung im Vordergrund stehen. Später berücksichtigt es dann sicher auch die Lautstärke, die Dynamik und die spezielle Klangfarbe.

Das Gestalten
macht Ihr Kind schöpferisch

Grundlegende Anregungen

*** Ziel: Kreativ gestalten im Umgang mit wenig strukturiertem Material, eigene Ausdrucksmöglichkeiten erfahren und einüben.

Auf kaum einem anderen Lern- und Spielfeld läßt sich das kreative Verhalten so gut anregen wie beim Gestalten – beim Malen, Werken, Basteln, Bauen usw. Hier kann das Kind die Ergebnisse seiner Tätigkeit sehen, notfalls korrigieren und so seine eigenen Fähigkeiten entwickeln. Folgende Faktoren spielen dabei eine wichtige Rolle:
- Das Kind stellt sich die auf das jeweilige Material bezogene Aufgabe selbst. Mit dem Material geben Sie nur einen allgemeinen Rahmen für das Gestalten, innerhalb dessen das Kind viele Möglichkeiten kreativer Betätigung hat.
- Während des Entstehungsprozesses kann das Kind seine eigenen Vorstellungen weiterentwickeln und sein Werk entsprechend ändern.
- Das Gestalten unterliegt keinem «Leistungsdruck» und keinen Leistungsmaßstäben. Das Kind hat also gerade hier die Freiheit, seine Werke nach seinen eigenen Maßstäben einzuschätzen. Der Erwachsene sollte ihm diese Möglichkeit erhalten. Es geht mehr darum, die Aktivität des Kindes anzuregen, die notwendigen Bedingungen dafür zu schaffen und sein Zutrauen in die eigenen Fähigkeiten zu stärken, als etwa «Fehler» zu verbessern (wenn zum Beispiel die Arme aus dem Kopf des gezeichneten Porträts herauswachsen). Ablehnende Kritik sollte jedenfalls ganz vermieden werden.

Für die Persönlichkeitsentwicklung sind darüber hinaus folgende Aspekte des Gestaltens wichtig:
- Das Kind ist bei jeder Gestaltung in hohem Maße aktiv: geistig, körperlich (Feinmotorik) und vor allem auch gefühlsmäßig. Während des Gestaltens kann es sich selbst und seine Möglichkeiten ausprobieren und erweitern.
- Es kann Gesichtspunkte für die Planung und Beurteilung seiner «Werke» entwickeln, ohne daß andere dabei mitbestimmen.
- Bei der Gestaltung setzt sich das Kind zugleich mit seiner Umwelt auseinander. Es wird sie deshalb immer genauer beobachten.

– Das Kind sieht, wie sich seine früheren Werke von späteren Arbeiten unterscheiden, und kann daran ablesen, wie sehr es sich also auch selbst verändert. (Voraussetzung: Die Werke werden aufbewahrt und mit Datum versehen!)

Ab 3;0 Jahren

*** Ziel: Malen und Zeichnen verschiedener Motive in verschiedenen Grundtechniken.

Im vergangenen Jahr konnten Sie wahrscheinlich nicht immer sofort erkennen, was Ihr Kind auf einem Bild darstellen wollte. Sie brauchten eine Erklärung dazu. In diesem Jahr nimmt seine Fähigkeit, Vorstellungen auch für andere erkennbar umzusetzen, wesentlich zu. Der Mensch ist das Hauptthema, das immer wieder behandelt wird; dabei meint sich das Kind in der Abbildung meist selbst.

Aber auch Tiere, Autos und andere für das Kind wichtige Dinge werden gegen Ende dieses Lebensjahres vermehrt dargestellt – der Einfluß des Erwachsenen spielt dabei eine sehr positive Rolle. Geben Sie Ihrem Kind möglichst selten ein spezifisches Thema.

Setzen Sie sich eher mal selbst nach einem Ausflug oder Erlebnis hin, und zeichnen Sie eine Szene. Es geht nicht um ein besonders eindrucksvolles Ergebnis. Wichtig ist vielmehr die Anregung, die davon für Ihr Kind ausgeht. Es wird dann vermutlich selbst zu Farbkreiden greifen wollen.

Eine Geschichte mit vielen Details, genaue Realitätsschilderungen, ein Besuch in der Stadt, im Zoo usw. regen zum Malen an. Und fragen Sie Ihr Kind, was es dargestellt hat. Wahrscheinlich wird es fast täglich zeichnen oder malen wollen.

Lassen Sie es oft zwischen zwei oder drei Techniken (Zeichenmaterialien, auch zwischen Papierarten) wählen. Wenn es länger als einen Monat bei einer bestimmten Technik bleiben will, malen oder zeichnen Sie selbst einmal in einer anderen. Ihr Vorbild veranlaßt es dann vielleicht, es wieder einmal auf andere Weise zu versuchen. Folgende Techniken eignen sich für diese Altersstufe besonders:

– Malen mit ungiftigen, wasserlöslichen Farben: Geben Sie Ihrem Kind die Farben Gelb, Rot, Blau und Grün in kleinen Gefäßen. Der Pinsel mit flacher oder runder Spitze darf nicht zu dünn sein (etwa 1 cm), damit er beim Malen eine breite und nicht zu kurze Spur hinterläßt.
Wenn Sie für jede Farbe einen eigenen Pinsel (entsprechend der Anzahl der Farben) zur Verfügung stellen können, ist das besonders gut: dann bleiben die Farben längere Zeit rein. Ihr Kind freut sich darüber und erlebt die großen Farbflächen als seinen Erfolg.

Nach etwa einem halben Jahr können Sie bereits erproben lassen, wie Farben gemischt werden; sie können aber auch zwei bis drei weitere Farben dazugeben (zum Beispiel Braun, Orange und Schwarz).

– Malen mit ungiftigen, wasserlöslichen Fingerfarben: Die im Handel erhältlichen Farbdosen sind für den Gebrauch oft zu groß (Farbauswahl wie oben). Ihr Kind vermischt die Farben ungewollt sehr rasch. Geben Sie deshalb die für eine «Malstunde» benötigte Menge in kleinere Behälter, dann brauchen Sie nicht so oft neue Farben zu kaufen.

– Zeichnen mit Wachsmalkreiden oder Fettstiften: Das Zeichnen mit diesen Materialien geht schnell – Ihr Kind kommt rasch zu einem Ergebnis. Besonders für das Zeichnen schwieriger Konturen (Menschen, Tiere) sind die Stifte gut geeignet. Anfangs genügen vier bis sechs Farben.

– Fasermalstifte (Filzstifte): Sie sind für dreijährige Kinder nur als Ergänzung und Abwechslung zu empfehlen, wenn sie eine breite Spur hinterlassen und nicht giftig sind.
Farbstifte und Bleistifte eignen sich für ein Kind im vorschulischen Alter weniger gut.

«Meine Mami malt sich nicht an – ich mich dafür um so farbiger.»

Viel sehen und später selbst gestalten: Unterstützen Sie diese Aktivitäten Ihres Kindes möglichst intensiv.

Und nun zum Mal- und Zeichen-papier: Geben Sie Ihrem Kind viel davon! Es sollte mindestens das Format DIN A4 haben, am besten sogar DIN A3. Lassen Sie es ruhig mehrere Zeichnungen hintereinan-der machen (ohne von «Papierver-schwendung» zu reden!). Auf der Rückseite notieren Sie das Datum des Tages.

** Ziel: Verschiedene Farbwirkun-gen erfahren, Farben aufeinander abstimmen.

Lassen Sie Ihr Kind auch manchmal auf farbiges Papier zeichnen und malen. Damit Sie diese (teuren) Bogen nicht im Geschäft kaufen müssen, heben Sie sich am besten bei Gelegenheit Werbeplakate, Geschenkpapier usw. auf. Ihr Kind wird begeistert sowohl auf der Rückseite als auch auf der Vorderseite malen. Es entdeckt so ganz neue Farbwirkun-gen. (Welche Farben heben sich bei einem roten Grund gut ab, welche «verschwinden»?)

*** Ziel: Farbunterscheidungen erkennen und richtig bezeichnen.

Die Anzahl unterscheidbarer Farbtöne ist nahezu unerschöpf-lich. Die wichtigsten Farben (Gelb, Orange, Rot, Violett, Blau, Grün, Braun, Schwarz, Grau und Weiß) kann Ihr Kind sicher schon benen-nen. Vielleicht kennt es auch einige vergleichende Farbbezeichnungen wie Ziegelrot, Blattgrün usw. Zu solchen Vergleichen sollten Sie es häufig anregen.

Leiten Sie es an, auch neue Wörter zu erfinden: Emmentaler-gelb, Radieschenrot usw. So zeigen Sie ihm ein «Rezept», sich genau auszudrücken, die Möglichkeiten der Sprache kreativ zu nutzen, und regen es zu einer differenzierten Wahrnehmung und Verwendung der Farben an.

*** Ziel: Bilder genau ansehen und beschreiben.

Schauen Sie sich ab und zu gemeinsam einen Kunstkalender oder einzelne Kunstpostkarten genau an. Weisen Sie nach der ersten groben Beschreibung auf weniger Auffälliges hin, das Ihr Kind vielleicht noch übersehen hat. Regen Sie es an, selbst Einzelhei-ten zu entdecken. (Dazu eignen sich zunächst natürlich nur gegen-ständliche Bilder.)

Lassen Sie Ihr Kind allmählich unterschiedliche Farbtöne in den Bildern aufspüren, lenken Sie sein Interesse auf unterschiedliche Motive, unterschiedliche Darstel-lungen des gleichen Motivs usw.

Ab 3;6 Jahren

* Ziel: Drei Grundfarben mischen, verschiedene Farbtöne herstellen und vergleichen.

Mit den flüssigen Farben kann Ihr Kind gut lernen, wie man aus zwei Grundfarben eine neue Farbe mischt: Aus Rot und Blau wird Violett, aus Blau und Gelb wird Grün, aus Gelb und Rot wird

Orange. Zeigen Sie ihm das deutlich auf einem weißen Papier als Versuch («Was kommt dabei heraus?»). Und regen Sie es an, dieses neue «Wissen» oft anzuwenden.

** Ziel: Natürliches Material für einfache Bastelarbeiten verwenden.

Während des gesamten Jahres finden Sie im Freien «Naturmaterialien», aus denen Ihr Kind etwas gestalten kann: Blätter, kleine Äste, Blüten, Gräser, Steinchen, Kastanien usw. Achten Sie schon beim Sammeln auf eine große Vielfalt. Zu Hause wird die «Beute» jedes Ausflugs auf einer großen Unterlage ausgebreitet.

Dann besprechen Sie mit Ihrem Kind, was sich daraus machen läßt. Beginnen Sie mit einfachen

Knete ist besonders kindgerechtes Material für die ersten künstlerischen Versuche.

Werken. Die einzelnen Teile werden anfangs nur lose in die Endform gebracht. Mit dem Kleben und Zusammenstecken beginnen Sie (bzw. Ihr Kind) erst, wenn das gewünschte Endergebnis einigermaßen feststeht:

Lustige Figuren, Menschen, Tiere (Hähne mit Schwanzfedern aus Grashalmen, Häuser, Möbel, Fahrzeuge usw.). Wenn Ihr Kind allerdings gleich «anfangen» will, ohne lange zu planen, sollten Sie auch das zulassen.

* Ziel: Figuren abwechslungsreich bemalen.

Schneiden Sie aus dickerem Papier oder dünnem Karton (etwa Postkartenstärke) Figuren mit Armen, Kopf, Rumpf usw. Ihr Kind bemalt sie dann möglichst bunt und unterschiedlich. Die Figurenreihe wird im Kinderzimmer ausgestellt.

** Ziel: Figuren aus einem Stück (dünnem) Karton reißen.

Geben Sie Ihrem Kind einige Beispiele, wie man Figuren aus einem Karton reißen kann. Dann lassen Sie es dieses Spiel selbst versuchen. Da es ziemlich schwierig ist, sollten Sie mit einfachen Aufgaben beginnen: Pakete, Säcke, Äpfel, Briefe reißen. Die Gegenstände sollten anschließend in einem Spiel verwendet werden.

Diese Gestaltungstechnik ist wichtig, weil Ihr Kind dabei lernt, in Flächen zu sehen und zu arbeiten. Bei Zeichnungen – insbesondere mit Stiften – geht es ja überwiegend nur von Linien aus.

*** Ziel: Die natürliche Form von Steinen beachten und in das Gestalten einbeziehen.

Nehmen Sie den Malkasten mit, wenn Sie mit Ihrem Kind zu einem Steinhaufen (Flußbett) kommen. Suchen Sie gemeinsam Steine mit ungewöhnlichen Formen, die an bekannte Dinge wie Fische, Enten, Igel, Menschengesichter usw. erinnern, und bemalen Sie sie gemeinsam.

Bewegungsspiele
für jeden Tag

Grundlegende Anregungen

*** Ziel: Beweglichkeit und
Gelenkigkeit des Kindes erhalten
und steigern.

Die Muskeln und Bänder des
Körpers müssen immer wieder
angespannt und entspannt, auch
gedehnt und gestreckt werden, um
ihre volle Beweglichkeit zu behalten. Wenn ein Kind täglich längere
Zeit in einer einseitigen Haltung
verharrt (zum Beispiel beim
Fernsehen), entstehen Haltungs-
schäden. Bestimmte Muskelpartien
– die Beugemuskeln – werden
laufend beansprucht, die entgegen-
wirkenden Muskeln erschlaffen.

Auch enge Wohnungen, schlechte Sitzmöbel usw. können zu
einseitigen Beanspruchungen
führen. Das sollte durch Körpertraining ausgeglichen werden.
Stellen Sie sich aus den folgenden
Anregungen für jeden Tag eine
Auswahl von Übungen und Spielen
zusammen, die Sie mit Ihrem Kind
durchführen.

Nehmen Sie die Bewegungserziehung wirklich ernst. Wenn Sie zuwenig Zeit dafür aufwenden, wird
Ihr Kind nicht nur physisch
geschädigt. Es kann mit seinen
Spielkameraden nicht mithalten
und verliert damit auch an Selbst-
sicherheit.

Sie finden im folgenden fünf
Gruppen von Anregungen. Aus
jeder Gruppe sollten Sie täglich je
zwei oder drei andere Übungen für
Ihr Kind heraussuchen:
– Im Zimmer bei weit geöffnetem
  Fenster: Auf einen Stuhl steigen
  und hinunterhüpfen; Treppen
  hinauf- und hinuntergehen; unter
  dem Stuhl durchkriechen, ohne
  ihn zu berühren; die flinken
  Bewegungen eines Tieres
  nachahmen; über den Stuhl auf
  den Tisch und zurück steigen.
– Auf einer Wiese: Purzelbaum
  machen; Fangen spielen; quer
  über den Rasen rollen; über
  kleine Hindernisse springen;
  Figuren laufen (einen großen
  Kreis, ein «Ei» usw.); auf allen
  vieren laufen, kriechen, krab-
  beln; auf die Hände aufstützen
  und mit den Beinen in die Luft
  springen.
– Auf dem Kinderspielplatz:
  Turnen an allen Geräten;
  rutschen: im Sitzen, auf dem
  Bauch, mit verschränkten Armen
  (schwierige Rutscharten sollte
  Ihr Kind erst an einer niedrigen
  Rutsche ausprobieren); klettern
  am Kletterturm und an der

Alle Arten von Bewegungen sind für Kinder gut, sie schulen Körperkraft und -beherrschung, Geschmeidigkeit und Geschicklichkeit.

Rutsche; balancieren (für geeignete Schuhe sorgen); Gleichgewichtsübungen an der Wippe.

– Im Park oder Wald: Auf einen Baum klettern; bestimmte Ziele anlaufen (zum Baum, zum Strauch und wieder zurück); Verstecken spielen; einen langen Ast über dem Kopf tragen, ihn balancieren.

– Im Schwimmbad: Planschen und spritzen; durch niedriges Wasser rennen; vom Rand ins Becken hüpfen (mit Schwimmflügeln); Wasser treten.

*** Ziel: Schnelligkeit von Bewegungsabläufen im Laufe des Jahres steigern.

Die folgenden Anregungen müssen immer wieder variiert werden, damit das Kind nicht überlastet wird und Spaß daran behält. Überanstrengung erkennen Sie daran, daß das Kind schnell atmet (Mundatmung), stark schwitzt, im Gesicht rot wird und sich nicht mehr konzentrieren kann. Schwierige Aufgaben (Schnellauf usw.) dürfen also nicht zu rasch aufeinander folgen (dieselbe Aufgabe nur einmal in einer Trainingsphase von fünfzehn bis zwanzig Minuten).

Abwechslung ist wichtig, damit Ihr Kind täglich Lust zum Mitspielen hat. Sie finden deshalb im folgenden ein großes Angebot. Auch einfache Übungen sollten nicht häufiger als drei- bis fünfmal wiederholt werden. Wählen Sie aus den folgenden Beispielen täglich einige aus:

– In der Wohnung: Schnellaufen im Stand (dabei die Knie hochziehen); «Propeller» spielen mit den Armen (rechter Arm, linker Arm, dann beide Arme gleichzeitig); auf dem Rücken liegen und dabei «radfahren»; hochhüpfen und dabei zweimal in die Hände klatschen; mit ausgestreckten Armen auf den Rücken legen, auf den Bauch und wieder zurück drehen; vom Liegen zum Stand (und zurück) wechseln, ebenso vom Liegen zum Schneidersitz; einen Tennisball über den Boden rollen lassen und auffangen; schnell mit zwei Schlegeln trommeln.

– Im Freien: Wettlauf zwischen mehreren Kindern; wettkriechen, -krabbeln, -rollen; große und kleine Bälle fangen; Ringe fangen; einen Ball schnell nacheinander auf den Boden aufspringen lassen; einen Kreisel tanzen lassen; einen Reifen treiben; Steine weit werfen (Kiesgrube, See); mit mehreren Kindern in abgegrenztem Feld durcheinanderlaufen, ohne anzustoßen; einem anderen Kind nachlaufen und seine Bewegungen nachahmen (mit erhobenen Händen, auf einem Bein usw.).

*** Alle Muskeln kräftigen. Hier sind einige Anregungen, die besonders zur Entwicklung der Körperkraft dienen. Solange Ihr Kind noch keine Sicherheit bei den Übungen entwickelt hat, sollten Sie zur Hilfestellung dabeisein:

- In der Wohnung: Auf die Zehenspitzen stellen und sich «ganz groß» machen, dann in die Hocke gehen; auf zwei Armen und einem Bein laufen; auf zwei Beinen und einem Arm laufen; sich gegenseitig schieben und ziehen; mehrmals in gebückter Haltung um den Tisch gehen; einen schweren Gegenstand kurz anheben (einen Stuhl, ein Tischchen).
- Im Freien: An Geräten hochklettern und sich hochziehen; ein Kind im Leiterwagen (oder mit dem Schlitten) ziehen; weit springen; über ein gespanntes Gummiband hochspringen; von Mauern springen; mit Anlauf in einen flachgelegten Reifen springen; Bälle und große Steine werfen; eine Brücke machen; Fußball spielen; einen mit Wasser gefüllten Ball über den Kopf stemmen.
- Im Schwimmbad: Schnell durch brusthohes Wasser waten; mit Schwimmflügeln schwimmen, dabei Arme und Beine zugleich bewegen (gegen Ende des Jahres im richtigen Rhythmus schwimmen); einen Ball unter Wasser drücken; mit Armen und Beinen Wellen schlagen; sich rückwärts mit den Füßen vom Beckenrand abstoßen; ein anderes Kind durchs Wasser ziehen.

*** Ziel: Die Koordination verschiedener Bewegungen erhöhen, die Genauigkeit von Bewegungsabläufen verfeinern.

Viele der oben angeführten Übungen werden vom Kind aus reiner Bewegungslust ausgeführt. Der Wechsel von Spannung und Entspannung wird dabei lustvoll erlebt. Bei den folgenden Spielen sieht es außerdem, ob es mit seiner Bewegung und Anstrengung den gewünschten Erfolg erzielt. Lassen Sie es auch von diesen Übungen täglich einige machen:

- Im Wohnzimmer: Einen Ball auf ein Ziel zurollen lassen, das dann umkippt; einen Ball auf einen anderen fallen lassen, der dann wegspringt; einen Ball auf den Boden aufspringen lassen und dann fangen; die gleichen Übungen mit der linken (bzw. der ungeübten) Hand probieren; einen dünnen Bauklotz auf der flachen Hand aufstellen und durch die Wohnung tragen; einen flachen Bauklotz auf dem Kopf durchs Zimmer balancieren; einen kleinen Ball mehrmals von der rechten in die linke bzw. von der linken in die rechte Hand werfen; längere Zeit auf einem Bein stehen; die Augen schließen und mit dem Zeigefinger auf die Nase tippen (auf den Mund, die Stirn, die Ohrläppchen); einen Ball möglichst hoch werfen; einen Ball bis zu einem markierten Punkt stoßen.
- Im Freien: Auf einem asphaltierten Weg Kreise und Kreuze

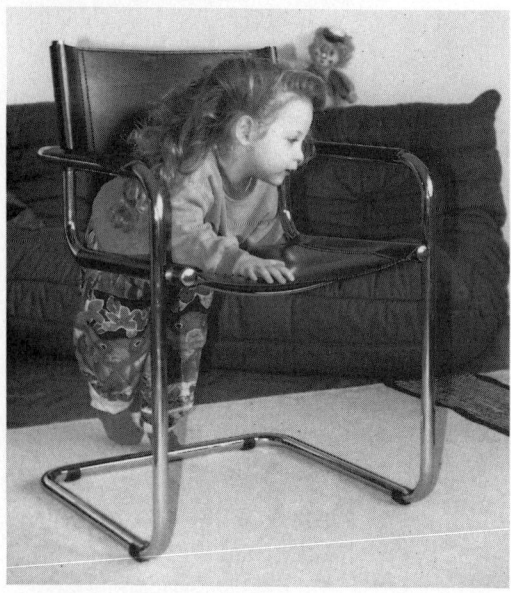

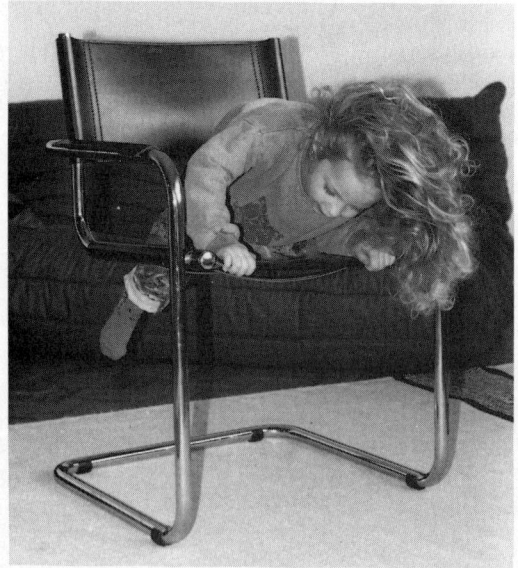

Ein Ausschnitt aus einem Hindernislauf: Nina windet sich geschickt zwischen Sitzfläche und Rückenlehne hindurch. Als Abgang vollführt sie sogar einen Purzelbaum.

malen, die mit einem Schritt oder Sprung erreicht werden müssen, denselben Weg rückwärts hüpfen; über eine gespannte Schnur steigen, ohne daß sie berührt wird; auf einer geraden Linie gehen und hüpfen; mit einem Kinderfahrzeug (Roller, Dreirad usw.) eine Linie entlangfahren; einen Ball hochwerfen und wieder fangen; einen zugeworfenen Ball aus größerer Entfernung fangen; mehrere Kegel treffen; laufen und gleichzeitig zu jedem zweiten Schritt klatschen.

Ab 3;0 Jahren

** Gleichgewicht des eigenen Körpers steigern.

Sie setzen sich im Schneidersitz Ihrem Kind gegenüber und fassen sich leicht bei den Händen. Langsam erheben Sie sich gemeinsam und ziehen sich dabei möglichst wenig an den Händen; dann setzen Sie sich langsam wieder.

** Ziel: Die Bewegungen des Partners genau beobachten und nachahmen.

Setzen Sie sich Ihrem Kind gegenüber, und erklären Sie ihm, daß Sie alle seine Bewegungen nachvollziehen wollen. Anschlie-

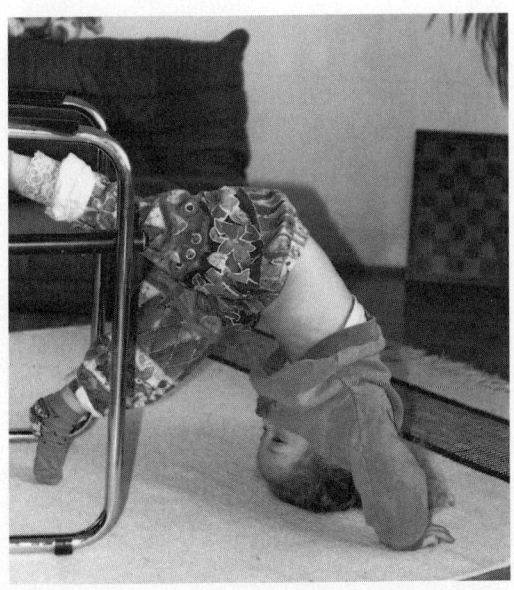

ßend übernehmen Sie die Führung, bewegen Ihre Arme, Ihren Oberkörper usw. und bitten Ihr Kind, die Bewegungen nachzumachen. Führen Sie diese Übung einmal in der Woche ein paar Minuten lang durch.

*** Ziel: Gemeinsam zu verschiedenen Rhythmen tanzen.

Legen Sie eine Musikkassette ein, und tanzen Sie dazu mit Ihrem Kind. Beginnen Sie mit einfachen Grundschritten. Schwierige Drehungen kommen erst dran, wenn sich Ihr Kind schon sicher nach dem Rhythmus der Musik bewegt. Tanzen Sie mit ihm im Dreiviertel- und Viervierteltakt, auf langsame und schnelle Stücke und in frei erfundenen Figuren.

** Ziel: Vorbereitung auf das Schwimmen.

Manche Kinder lernen schon im ersten Lebensjahr das Schwimmen. Die folgenden Lernschritte dienen der Vorbereitung (vgl. auch einige Hinweise oben):

– Kaufen Sie gemeinsam eine Badehose, und lassen Sie Ihr Kind auswählen, welche Farbe und welches Muster ihm gefällt.
– Das Kind sollte das Schwimmbad als einen angenehmen Raum erfahren. Besuchen Sie also das Schwimmbad mit ihm, wenn Sie selbst wohlgelaunt sind, genügend Zeit haben und Ihr Kind gesund und aktiv ist. Das Schwimmbad muß ein Kinderbecken haben, in dem es sich ans Wasser gewöhnen kann. Ideal für Ihr Kind ist, wenn ein Teil dieses Beckens lediglich etwa 30 cm tief ist.
– Duschen Sie zunächst gemeinsam bei möglichst körperwarmem Wasser – Ihr Kind soll sich dabei wohl fühlen.
– Zu den Wassergewöhnungsübungen gehört:
Sich dem Becken nähern,
mit der Hand ins Wasser fassen,
mit dem Fuß ins Wasser treten,
am Beckenrand sitzen und mit den Füßen im Wasser planschen,
ins Becken steigen und mit der Hand Wasser spritzen (nicht selbst bespritzt werden!),
im Wasser umhergehen (vom Erwachsenen dabei geführt werden),
ein wenig hochhüpfen und wieder Gleichgewicht bekommen,
im Stehen Schwimmbewegungen mit den Händen machen,
verschiedene Spiele mit einem Wasserball und einem kleinen Luftkissen,
sich selbständig mit Schwimmflügeln im wenig tiefen Wasser bewegen,
durch den Mund atmen,
das Gesicht naß machen,
Wasser selbst hochspritzen und sich naßregnen lassen.

Die verschiedenen Wassergewöhnungsübungen sollten nicht an einem Tag durchgeführt, sondern auf mehrere Male verteilt werden.

Ab 3;6 Jahren

*** Ziel: Bewegungsarten bei Schnee und Eis probieren.
- Rutschen auf Eis: Wer einen kleinen Garten besitzt, kann sich mit etwas Geschick eine kleine Eisbahn anlegen. Aber auch auf einer zugefrorenen Pfütze oder festgetretenem Schnee können Sie Ihrem Kind zeigen, wie man rutscht. Halten Sie es bei den ersten Versuchen an einer Hand fest.
- Schlittschuhfahren: Jetzt kann Ihr Kind schon das Schlittschuhfahren lernen. Lassen Sie es aber nicht allein auf dem Eis. Führen Sie es mit lockerer Hand (möglichst nicht mit einem Griff unter der Achsel – dabei verläßt es sich zu sehr auf Sie und lernt langsamer, «auf den eigenen Beinen zu stehen»).
- Schlittenfahren, Skifahren: Das Herumtoben im Schnee, Schlittenfahren und Skifahren machen Ihrem Kind viel Spaß. Vergessen Sie nicht, ihm einige Tips für Spiele mit Schnee und Eis zu geben. Sorgen Sie dafür, daß es warm genug angezogen ist (zwei Paar Handschuhe mitnehmen).

* Ziel: Den eigenen Körper überwiegend mit der Kraft der Arme und Hände steuern und im Gleichgewicht halten.

Sie werden es bestimmt nicht bereuen, wenn Sie jetzt für Ihr Kind ein Türreck kaufen. Damit die entsprechende Tür nicht ständig blockiert ist, können Sie das Reck zu bestimmten Zeiten anschrauben, etwa vier Tage hintereinander alle drei Wochen. Es sollte zunächst so angebracht werden, daß es sich etwa fünf Zentimeter über dem Bauchnabel des stehenden Kindes befindet. Fangen Sie mit folgenden Übungen an:
- unten durchkriechen;
- darüberklettern;
- sich über die Reckstange legen und die Arme baumeln lassen;
- sich über die Reckstange legen und ähnlich wie beim Purzelbaum herablassen;
- sich einige Zeit an das Reck hängen (mit den Händen festhalten);
- sich mit den Händen und Füßen («quer») ans Reck hängen.

Sicherheitshalber sollten Sie immer dabeisein und als Polster eine Matratze unter die Turnstange legen, die auf dem Boden nicht verrutscht.

** Ziel: Schwimmen lernen.

Nach den Wassergewöhnungsübungen (vgl. oben) kann Ihr Kind schwimmen lernen. Bezeichnen Sie es ruhig als «Schwimmen», wenn es sich mit Schwimmflügeln durchs Wasser bewegen kann!

Ohne Schwimmflügel schwimmen lernt es vielleicht in diesem Jahr, vielleicht auch erst im nächsten. Denken Sie daran, daß das Lernen des freien Schwimmens – mit den vorbereitenden Wassergewöhnungsübungen – auch bei einem Schwimmlehrer ca. zehn bis vierzehn Stunden dauert.

Wenn Ihr Kind gern mit Wasser umgeht, nehmen Sie es mit zu dem etwas tieferen Teil des Beckens, in dem es nicht mehr stehen kann.

Bleiben Sie zuverlässig in seiner Nähe und stützen Sie es trotz der Schwimmflügelchen zunächst vom Bauch her. (Es sollte nach den Wassergewöhnungsübungen schon sicher durch den Mund atmen können, ohne viel Wasser zu schlucken.)

Nun kann es die Schwimmbewegungen mit Armen und Beinen machen, die es bei anderen beobachtet hat (eine Vorübung ist, daheim auf einem Schemel «Trockenübungen» zu machen).

Wenn es sein Gesicht nach einiger Übung sicher über Wasser halten kann, lassen Sie mit Ihrer Hilfestellung nach.

Anerkennen Sie ständig alle Fortschritte – schwimmen lernen ist keine «einfache» Sache!

Alles neu Erlernte
erhöht die Selbständigkeit

Grundlegende Anregungen

*** Ziel: Kleine Aufgaben übernehmen.

Das dreijährige Kind kann bereits – nach geeigneter Anleitung – kleine Aufträge richtig erledigen. Es soll sich seiner Selbständigkeit und Leistungsfähigkeit bewußt werden, soll erleben, daß es geschickt ist.

Damit es diese Erfolgserlebnisse erfährt, muß es bei den einzelnen Aufgaben natürlich zunächst angeleitet werden. Es ist nicht damit getan, daß man ihm einfach eine Anweisung gibt. Es muß den Sinn der Aufgaben einsehen und den Weg kennenlernen, auf dem es zum Ziel kommt. Zerlegen Sie deshalb jede Aufgabe in Teilschritte, und greifen Sie davon zuerst die

Anni schneidet konzentriert und sorgfältig Papierstreifen ab.

einfachsten zum Üben heraus.
Wenn es sie beherrscht, werden die
weiteren «Feinheiten» ausprobiert.

Wenn das Erlernte zur Routine
geworden ist, empfindet es neue
«Schwierigkeiten» nicht als belastend.

Beobachten Sie Ihr Kind bei
seinen Versuchen, geben Sie ihm
kleine Hilfestellungen, wenn etwas
nicht klappt, und sparen Sie am
Ende nicht mit Lob.

Mit solchen Anleitungen und
Übungen verschaffen Sie Ihrem
Kind zugleich eine erste persönli-
che Erfahrung von «Arbeit». Ihr
wichtigstes Ziel sollte also sein,
daß Ihr Kind diese Aufgaben mit
Freude ausführt und nicht viel Zeit
damit vergeudet. Es erwirbt dabei
eine positive Einstellung zur
Arbeit. Sorgen Sie möglichst dafür,
daß es sie nicht als belastend und
mühsam empfindet, sondern als
eine Hilfe, bestimmte notwendige
und nützliche Aufgaben erfolgreich
zu vollenden.

Dabei dürfen Sie Ihr Kind nicht
in seiner Leistungsfähigkeit
überschätzen. Auch beim Spielen,
also einer von ihm selbst gesteuer-
ten Tätigkeit, bricht es mitunter
unvermittelt ab, weil es nicht mehr
weiterspielen möchte. Glauben Sie
nicht, daß sie etwa durch «strenges
Vorgehen» mehr erreichen können.
Treiben Sie Ihr Kind bei der
«Arbeit» nicht an mit dem Hinweis
«...dann haben wir mehr Zeit zum
Spielen!», sonst erfährt Ihr Kind
Arbeit als Gegensatz zum Spiel, als
eine Belastung.

Ab 3;0 Jahren

*** Ziel: Gesicht und Hände
selber waschen, Zähne putzen.

Von jetzt an kann Ihr Kind leicht
lernen, sein Gesicht mit klarem
Wasser und einem Waschlappen zu
waschen, seine schmutzigen Hände
einzuseifen (Handrücken und
Unterarme dabei nicht vergessen!)
und gut nachzuspülen. Auch seine
Zähne kann es nun täglich wie ein
Erwachsener putzen.

* Ziel: Spielsachen richtig aufräumen. Berücksichtigen Sie dabei,
daß sich manche Spiele über
mehrere Tage erstrecken.

Ein angefangenes Bauwerk sollte
nicht am Abend wieder völlig
zerlegt werden müssen. Das Kind
entwickelt bei «langdauernden»
Spielen einen großen Spannungs-
bogen. Wenn es allerdings zwei
Tage hintereinander trotz gelegent-
licher Erinnerung das Spiel nicht
fortsetzt, können die Requisiten
«nach Rücksprache» wieder
weggeräumt werden. Helfen Sie
beim Aufräumen, und stellen Sie
alles möglichst immer wieder an
denselben Platz. Das ist eine
hilfreiche Voraussetzung für das
selbständige Aufräumen.

** Ziel: Kleidungsstücke allein an-
und ausziehen und ordentlich
weglegen.

Leiten Sie Ihr Kind an, Kleidungsstücke ohne schwierige
Verschlüsse selbst an- und auszu-
ziehen. Führen Sie seine Hand,

**Der Forscherdrang vieler
Kinder ist zu keiner
Jahreszeit zu bremsen.**

wenn es die richtige Stelle (zum Beispiel beim Pulloveranziehen) nicht findet.

** Ziel: «Ordentlich» essen, Messer und Gabel verwenden.

Zeigen Sie Ihrem Kind, wie es mit Messer und Gabel essen kann. Für die ersten Versuche geben Sie ihm möglichst weiche Eßwaren zum Schneiden, etwa Kartoffeln (kein Fleisch). Es sollte dabei darauf achten, daß nichts neben den Teller fällt.

Es sollte jetzt auch lernen, daß man lieber nachnimmt, als zuviel auf den Teller zu laden. Dazu muß es lernen, seinen Appetit immer besser einzuschätzen.

Ab 3;6 Jahren

*** Ziel: Körperpflege regelmäßig und vollständig ausführen, sich allein auf der Toilette reinigen.

Ihr Kind kann jetzt lernen, sich allein zu kämmen (wenn keine Schleifen gebunden werden müssen und die Haare nicht sehr lang sind) und sich gründlich unter der Dusche oder in der Badewanne zu waschen (einschließlich der Geschlechtsteile).

Es kann jetzt auch allein auf das Erwachsenenklosett gehen, sich richtig abputzen und anschließend die Hände waschen.

Wenn Ihr Kind sich sehr gegen die Übernahme dieser Handlungen sträubt, lassen Sie ein paar Wochen verstreichen, bevor Sie mit einem neuen Versuch beginnen. Hat es ihn aber einmal akzeptiert, dann bleiben Sie – ohne Druck auszuüben – konsequent dabei.

** Ziel: Die Regeln von Gesellschaftsspielen einhalten.

Hierbei geht es nicht um das «Spielen an sich». Ihr Kind soll vielmehr beispielhaft erfahren, daß es überhaupt Regeln gibt und warum sie in bestimmten Situationen eingehalten werden müssen. Regeln gelten ja nicht nur im Spiel, sondern auch im Straßenverkehr oder beim Umgang mit anderen Menschen. Für den Anfang sollten Sie Spiele verwenden, die einfach sind und bei denen Ihr Kind gute Gewinnchancen hat.

Ihr Kind steuert sich selbst immer bewußter

Anregungen für das ganze Jahr

*** Ziel: Häufige und heftige Trotzreaktionen vermeiden bzw. auflösen.

In der ersten Hälfte dieses Lebensjahres werden Sie bei Ihrem Kind noch viele heftige Trotzreaktionen wie Wutausbrüche, Schreien oder trotziges Weinen beobachten können. Obwohl das «Trotzalter» als übliches Entwicklungsstadium gilt, sollte Ihr Kind nicht allzuviel Kraft und Energie darauf verwenden müssen, durch Trotzreaktionen seine Ziele zu erreichen. Vor allem unbegründetes und striktes Ablehnen heftiger Wünsche Ihres Kindes führen zu solchen Auftritten.

Verlangen Sie also nicht pauschal, Ihr Kind solle seine Trotzreaktionen zügeln, beenden oder gar nicht erst damit anfangen («es führt ja doch zu nichts»), sondern geben Sie nach, wenn Sie die Erfüllung seines Wunsches verantworten können (eine Ablehnung Ihrerseits nur wegen der «ungebührlichen» Art der Wunschäußerung ist jedenfalls kaum zu rechtfertigen).

Beobachten Sie, ob sich das Trotzen immer wieder zu den gleichen Anlässen, nur in Gegenwart bestimmter Personen oder nur dann entzündet, wenn Sie selbst zuwenig Zeit haben, um sich genügend um Ihr Kind zu kümmern; auch das kann Ihnen helfen, Ihrem Kind gerecht zu werden.

Denken Sie immer wieder daran, daß dem Verhalten Ihres Kindes meist ein Wunsch zugrunde liegt (zum Beispiel auch der, sich zu behaupten) oder daß es durch eine Überforderung entstanden ist. Beschränken Sie sich also auf ein Mindestmaß an Verboten, Geboten und Einschränkungen.

Prüfen Sie, ob ein bestimmtes Verbot wirklich nötig ist. Gestatten Sie Ausnahmen (die gibt es ja auch bei Ihrem Verhalten). Es ist wichtiger, daß Sie auf Ihr Kind verständnisvoll eingehen und daß Sie ihm Ihren Standpunkt begreiflich machen, als starre Regeln einzuhalten.

Der erste Schritt, Trotzreaktionen bei Ihem Kind überflüssig zu machen, sind weitgehende und ausreichende Informationen. Sie sollten stets bedenken: Solange Ihr Kind trotzt, ist es oft nicht genügend informiert, es kennt die Begründung für Ihre Wünsche nicht. Wiederholen Sie öfter Ihre

Freude und Traurigkeit sind oft dicht beieinander.

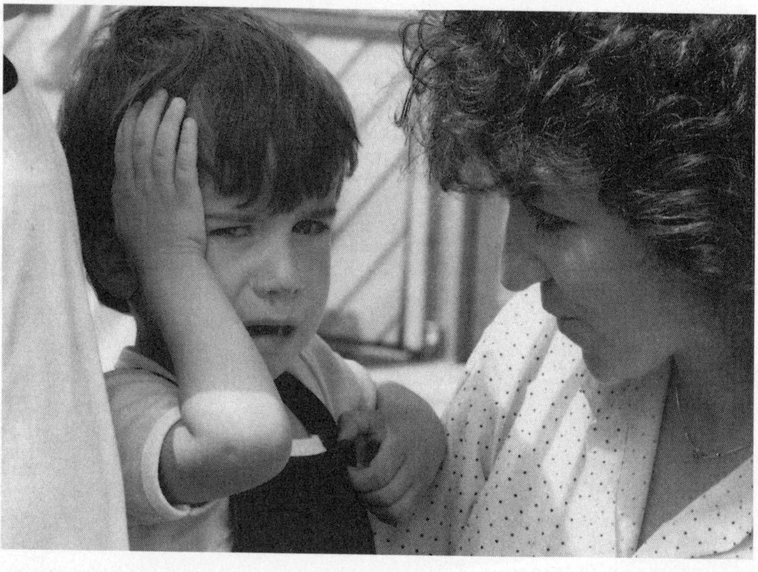

**Eine Puppenmutter kann
unendlich zart sein.**

**Sicher auf den Schultern des
Vaters überblickt dieser Junge
das turbulente Treiben.**

Erklärungen und Ihre Begründung, und sagen Sie nicht nur einfach: «Komm jetzt herauf!» Allmählich begreift Ihr Kind, welche verschiedenen Interessen jeweils wirksam sind, es lernt seine eigenen Wünsche und Antriebe genauer kennen, es sieht mehr und mehr die Bedingungen, die das Verhalten der Erwachsenen bestimmen.

Andererseits können Sie viele Schwierigkeiten vermeiden, wenn Sie selbst planen: Lohnt es sich noch, daß Ihr Kind vor dem Essen mit einem Spiel beginnt? (Wenn nicht, bitten Sie es um ein wenig «Mithilfe».) Haben Sie die notwendigen Spielsachen dabei? (Dann braucht es sie auf dem Spielplatz nicht anderen Kindern wegzunehmen.)

Sie können übrigens darauf hoffen, daß die Fähigkeit zu Verständnis und Einsicht bei Ihrem Kind in diesem und dem nächsten Jahr große Fortschritte machen wird. Das erleichtert dann Ihr Bemühen, solche Probleme partnerschaftlich und demokratisch zu lösen.

Das Ausspielen Ihrer eigenen Macht und Überlegenheit ist jedenfalls ein denkbar ungeeignetes Mittel, Ihrem Kind «vernünftiges» Verhalten beizubringen. Es fügt sich allenfalls Ihrem Druck, erfüllt sich seine Wünsche, wenn Sie nicht anwesend sind, und fängt an zu lügen.

Folgende Tips können Ihnen fast immer helfen:
– Überprüfen Sie die eigenen Forderungen.
– Versuchen Sie, eine für beide befriedigende Lösung zu erreichen.
– Verhärten Sie nicht die Trotzreaktion durch «Gegenterror» («...dann gehen wir eben nicht in den Tierpark!»).
– Bieten Sie verschiedene Lösungswege zur Auswahl an.
– Kündigen Sie Zeitpläne und Termine im voraus an («bald», «Du kannst noch dreimal herunterrutschen», «in einigen Minuten...»).

** Ziel: Die Fähigkeit zur Selbststeuerung erhöhen.

Jedes Mehr an Können und Fähigkeiten bringt Ihr Kind dem Ziel der Selbstbestimmung näher. Sie selbst können dazu einiges beitragen.
– Überlassen Sie Ihrem Kind die Entscheidungen, die es selbst leicht treffen kann.
– Helfen Sie ihm über kleine Schwierigkeiten hinweg, die seine «großen» Pläne verhindern. (Geben Sie ihm also zum Beispiel einen Tip, wie es am besten auf eine kleine Mauer klettern kann.)
– Erklären Sie ihm die Schwierigkeiten, die sich daraus ergeben, daß man an einem bestimmten Lösungsweg festhält.
– Verhindern Sie, daß es ständig durch ältere oder stärkere

Spielpartner beherrscht (also bestimmt, gelenkt, übervorteilt) wird.

– Lassen Sie Ihr Kind seine Aktionen, zum Beispiel größere Bauwerke, beenden, auch wenn deswegen mehrere Tage nicht aufgeräumt werden kann.

*** Ziel: Das Kind befähigen, durch die Rollen, die es innehat oder spielt, seinen Verhaltensspielraum zu erweitern und verschiedene Verhaltensmöglichkeiten zu begreifen.

Das positive Selbstverständnis Ihres Kindes hängt wesentlich davon ab, daß es nicht auf eine einseitige Rolle innerhalb der Familie festgelegt wird, die sein Verhalten übermäßig einschränkt. Lassen Sie es nicht dazu kommen, daß Ihr Kind in der Familie etwa nur die Rolle des «kleinen, hilflosen Kindes» spielt, das immer beschützt wird, oder des «kleinen Clowns», der alle zum Lachen bringt. Es muß viele Möglichkeiten haben – sowohl vernünftig und «groß» wie auch anlehnungsbedürftig, lustig usw. sein können.

Versuchen Sie, Ihrem Kind Gelegenheit zur Übernahme weiterer Rollen in Rollenspielen zu geben. Es spielt einmal «Vater», dann «Mutter», mal «artiges», mal «unartiges» Kind usw. Auch die Rollen «Helfer», «Arzt», «Berufstätiger» (Berufsrollen aussuchen, die das Kind kennt) eignen sich für solche Spiele.

*** Ziel: Sich selbst Ziele setzen und sie verwirklichen.

Das Kind erwirbt jetzt die Fähigkeit, Ziele zu verfolgen und zu verwirklichen. Das setzt allerdings voraus, daß es die Freiheit bekommt, sich diese Ziele selbst zu wählen. Sie können es auch dazu anregen, ohne ihm jedoch etwas aufzunötigen.

Jedes mit Spaß und Interesse bewältigte Ziel fördert die Leistungsmotivation Ihres Kindes – sie ist eine wichtige Voraussetzung für die Bewältigung späterer Leistungsanforderungen. Nur widerwillig vollzogene Handlungen bremsen sie dagegen. Eine große Hilfe für Ihr Kind ist dabei die Anerkennung durch Sie, wenn das Kind etwas erreicht hat. Denn es hat ja selbst noch wenig Möglichkeiten, seine Leistungen zu bewerten – ohne Ihr Lob erfährt es also keine positive Rückmeldung, die es zu weiteren Handlungen anspornt!

Wie Ihr Kind Gefühle und Affekte verarbeitet

Anregungen für das ganze Jahr

*** Ziel: Erleben entspannter Stimmungen und angenehmer, lustvoller Gefühle in der Familie. Diese Zielsetzung scheint so einfach zu sein, daß man sie beinahe für überflüssig hält. Und doch kann man in fast allen Familien ständig Situationen erleben, die von weniger freundlichen Gefühlen geprägt sind. Langeweile, Müdigkeit, Ärger im Beruf, Streit zwischen Geschwistern – alle diese Stimmungen und Gefühle und die ihnen entsprechenden Äußerungen, die sich wiederholen (ein Tonbandgerät, das solche Äußerungen aufnähme, würde Sie sicher überraschen), beeinflussen in erheblichem Ausmaß die Entwicklung der Gefühle des kleinen Kindes.

Die Atmosphäre, in der es lebt, die gefühlsmäßige Ausgeglichenheit oder Unausgeglichenheit der Personen, die es umgeben, prägen sein eigenes Lebensgefühl. Es ahmt nach und übernimmt schließlich wesentliche Haltungen und Reaktionsweisen im emotionalen Bereich. Für die Erwachsenen und die Freunde des Kindes – auch für seine älteren Geschwister – ergibt sich daraus die ständige Forderung nach «vorbildlichem» Verhalten.

Wenn man negative Gefühlsäußerungen ihrem Ausmaß und ihrer Häufigkeit nach gering halten will (damit das kleine Kind sie nicht ebenso selbstverständlich lernt wie zum Beispiel die Sprache), muß man alle Anlässe zu vermeiden suchen, die zu ebendiesen unerwünschten Gefühlsäußerungen führen. Es darf also gar nicht erst so weit kommen, daß Ärger, Haß, Angst, Enttäuschung, Zorn, Neid oder Eifersucht herrschen. Wie schwierig es ist, die Anlässe dieser Gefühle zu vermeiden, liegt auf der Hand. Durch genaue Beobachtung eines Tagesablaufs (notieren Sie am besten die häufigsten Anlässe) können Sie jedoch versuchen, eine Änderung herbeizuführen.

Dazu einige Beispiele: Ihr Kind zieht sich nicht so an, wie Sie es wünschen; Sie sind zu spät ins Bett gegangen, deshalb also am Morgen unausgeruht, reizbar, weniger tolerant; Ihr Kind ißt nicht, wie es sich Ihrer Meinung nach für ein Kind seines Alters gehört, und es ißt auch nicht so viel, wie Sie wollen...

Gehen Sie dann Ihre Aufzeich-

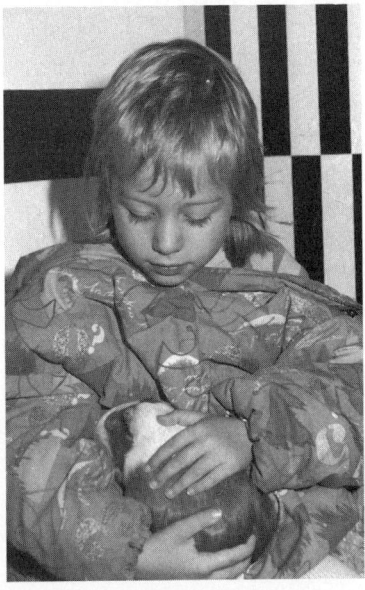
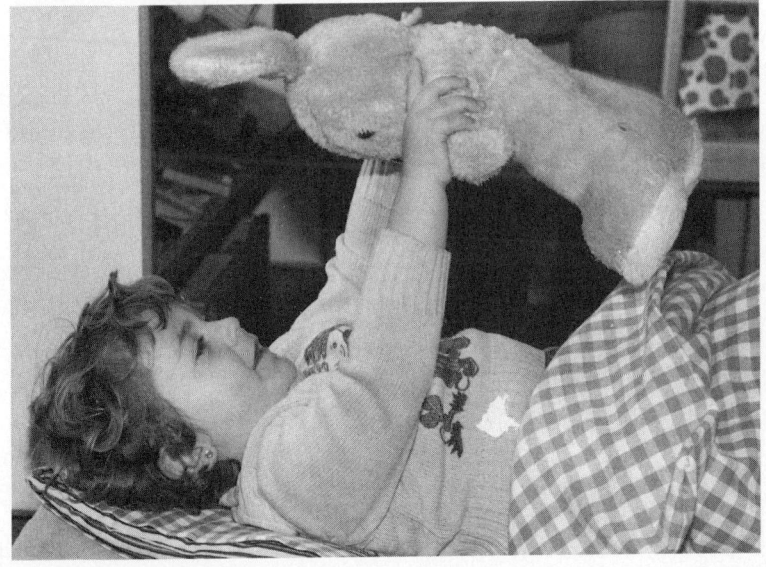

nungen der Reihe nach durch: Nehmen Sie sich vor, wenigstens vierzehn Tage lang wegen fünf ganz bestimmter Anlässe nichts mehr zu sagen. Übersehen Sie sie aber wirklich, und seien Sie nicht mißmutig, wenn Sie dann beispielsweise zulassen müssen, daß Ihr Kind etwas schmutzigere oder mit Filzstift bemalte Hände hat.

Verhalten Sie sich entspannter. Sprechen Sie mit Ihrem Kind über seine Wünsche, und überlegen Sie gemeinsam, welche Sie erfüllen können. Machen Sie ein kleines Tagesprogramm mit Ihrem Kind – seine Freude auf ein kommendes Ereignis wird auch die Zeit bis dahin gelöster und damit erfreulicher machen.

** Ziel: Negative Gefühlsäußerungen Ihres Kindes zum Abklingen bringen.

Selbst wenn Sie es mal als drollig und lustig empfinden, wie sich ein dreijähriges Kind im Wutausbruch verhält, sollten Sie sofort versuchen, ihm aus dieser Situation, die ihm Unlustgefühle bereitet, herauszuhelfen. Das gilt auch für andere negative Gefühlszustände wie Ärger oder Angst.

An drei ausgewählten Beispielen sind im folgenden einige Möglichkeiten gezeigt, wie man dem Kind aus seinen Gefühlsverstrickungen heraushelfen kann:
– Wie helfe ich meinem Kind über einen Wut- oder Trotzausbruch hinweg?
Je nachdem, wogegen sich der

Wutausbruch richtet, müssen Sie anders vorgehen. Richtet er sich gegen eine Sache (weil die Schere nicht richtig schneidet, der Bleistift abgebrochen ist usw.), beheben Sie ohne viel Worte den Schaden. Geben Sie Ihrem Kind Gegenstände oder Werkzeuge, mit denen es besser operieren kann, und zeigen Sie ihm, wie man damit umgeht.

Richtet sich der Zorn gegen Sie selbst, überprüfen Sie Ihr Verhalten. Vielleicht sind Sie zu streng. Geben Sie also öfter nach, und sprechen Sie später, wenn Ihr Kind sich wieder beruhigt hat, darüber, warum Sie bestimmte Dinge so und nicht anders erledigt haben möchten.
– Wie helfe ich meinem Kind über Furcht oder Angst hinweg?
Hier geht es nur um den Abbau der übertriebenen Furcht oder Angst. Denn Furcht hat ja zunächst die Aufgabe, vor einer möglichen Gefahr zu warnen. Ungünstig wirkt sie erst, wenn sie in Situationen ausgelöst wird, die nicht gefährlich sind (lautes und hartes Gespräch, Knall usw.), wenn sie in keinem angemessenen Verhältnis zum Anlaß steht bzw. sich entsprechend steigert oder wenn sie das Kind blockert, also die richtige Reaktion verhindert (weglaufen vor einem Hund aus Angst ist im allgemeinen weniger günstig als stehenbleiben). Wenn sich das Kind ohne Grund stark ängstigt (etwa wenn der Hund ins Nachbarhaus gehört und

nicht bissig ist), erklären Sie ihm die Gefahrlosigkeit. Gewöhnen Sie das Kind allmählich an die Situation: Halten Sie sich in der Nähe (in einem für das Kind «sicheren» Abstand) auf, und lenken Sie es mit einem Spiel ab. Mit der Zeit (das können auch mehrere Tage sein) verringern Sie den Abstand zur Angstquelle während des Spiels. Schließlich können Sie mit ihm auch wieder über die «Sache» sprechen (zum Beispiel: die langen Ohren des «kläffenden» Dackels).

Sollten diese schrittweisen Bemühungen allerdings nicht erfolgreich verlaufen, sollten Sie die Angst Ihres Kindes mit einem Kinderpsychologen besprechen.

– Wie helfe ich meinem Kind über Eifersucht hinweg?

Die Eifersucht Ihres Kindes ist in der Regel gar nicht so unbegründet, wie es zunächst erscheinen mag. Die bisherige Liebe und Zuwendung kann durch mancherlei Ereignisse unterbrochen werden: durch die Geburt eines Geschwisters, das die Mutter außerordentlich in Anspruch nimmt, durch die Bettlägerigkeit eines Familienmitglieds oder durch ein Kind, das vielleicht als Feriengast in der Familie weilt.

Überprüfen Sie also zunächst Ihr eigenes Verhalten, und lassen Sie Ihr Kind vermehrt Ihre Zuneigung und Liebe spüren. Die versichernden Worte «Ich habe dich genauso gern wie früher» oder «Aber ich habe doch alle Kinder gleich lieb» reichen allein nicht aus, um die Eifersucht (die Ihrem Kind unter Umständen bis ins Erwachsenenalter nachhängen kann) zu überwinden.

So gewinnt und behält
Ihr Kind Freunde

Anregungen für das ganze Jahr

*** Ziel: Kontakte knüpfen und halten; eigene Interessen aussprechen und durchsetzen; die Interessen anderer erkennen und berücksichtigen; auftretende Konflikte ertragen und – soweit möglich – lösen.

Wenn Ihr Kind ein oder mehrere Geschwister hat, die altersmäßig nicht allzu weit entfernt sind, so wird es die Kommunikation unter nahezu Gleichaltrigen vor allem in der Familie erlernen können und üben.

Ist es jedoch ein Einzelkind, oder kommt das gemeinsame Spiel mit einem Geschwister kaum oder gar nicht zustande, sollten Sie Ihrem Kind unbedingt Gelegenheit zu Kontakten mit einem anderen, gleichaltrigen Kind geben.

Das andere Kind sollte möglichst nicht mehr als ein Jahr jünger oder älter sein. Denn Kinder gleichen Alters können im allgemeinen leichter partnerschaftlich miteinander sprechen und spielen. So verhindern Sie, daß Ihr Kind zu sehr in die Defensive gedrängt wird, weil das andere Kind schon mehr weiß und kann, oder daß es umgekehrt selbst starkes Dominanzverhalten entwickelt.

Wichtig ist, daß beide Kinder etwas zu sagen haben, daß beide Vorschläge machen, was man gemeinsam tun kann. Dieses wechselseitige Anregen sollten Sie als Eltern auch dadurch fördern, daß sich die Kinder nicht nur in einer der elterlichen Wohnungen aufhalten. Kinder fühlen sich in der Regel im eigenen Wohnbereich sicherer, und das würde bei ständigem Aufenthalt in einer Wohnung ebenfalls dazu führen, daß ein Kind über das andere dominiert.

Außerdem besteht bei wechselseitigem Besuch die Möglichkeit, daß beide Kinder andere Wohnverhältnisse und andere Elterneinstellungen kennenlernen.

Besonders viel kann Ihr Kind in diesem Zusammenhang bei ausländischen Familien lernen oder bei Familien aus anderen Bundesländern – hier sind die «typischen» Verhaltensweisen oft schon sehr von den eigenen, gewohnten unterschieden.

Machen Sie (beim Antritts- oder Gegenbesuch) dem fremden Kind den Aufenthalt in Ihrer Familie

Manche Kinderfreundschaften halten schon in diesem Alter erstaunlich lange.

angenehm. Zeigen Sie ihm die Toilette, fragen Sie es nach seinen Trinkwünschen, bieten Sie ihm eine Kleinigkeit zu essen an, und fragen Sie seine Mutter nach Besonderheiten im Verhalten, auf die Sie Rücksicht nehmen wollen.

Beobachten Sie die beiden Kinder beim Spielen, und sprechen Sie, wenn nötig, später mit Ihrem Kind über das, was Sie beobachtet haben: «Es würde dem anderen Kind mehr Spaß machen, wenn du dein schönes Auto auch einmal hergäbst.» – «Wenn ihr beide am selben Gegenstand zieht, kann keiner damit spielen. Laß zwischendurch auch das andere Kind damit spielen!» – «Du solltest das andere Kind nicht an den Haaren ziehen, das tut ihm weh.» – «Ihr habt heute schön zusammen gespielt, hat es dir auch gefallen?»...

Damit erreichen Sie, daß Ihr Kind zwischendurch über die verschiedenen Situationen und Ereignisse nachdenkt und überlegt, was anders hätte verlaufen können. In der aktuellen Situation selbst sind Ihre Einflußmöglichkeiten vergleichsweise gering. Da ist Ihr Kind viel zu sehr von dem Spiel in Anspruch genommen, als daß es auf Sie hören könnte.

Die Beobachtung Ihres Kindes hat auch andere Vorteile. Sie können feststellen, womit Ihr Kind Schwierigkeiten hat (vielleicht spricht es undeutlich, so daß der Spielpartner nicht alles versteht; vielleicht wechselt es zu rasch das Spiel, so daß das andere Kind in seinen Interessen unterbrochen wird usw.). Mit solchen Beobachtungen können Sie leicht einige Besonderheiten Ihres Kindes feststellen und es entsprechend zu beeinflussen versuchen.

Übrigens: Bestehen Sie nicht darauf, daß die Kinder ihre Konflikte oft «allein» lösen – das lernen sie besser mit Ihrer Hilfe (Sie sollten nicht nur zeigen, wie der konkrete Konflikt zu lösen ist, sondern was beim Konfliktlösen geschieht!)

** Ziel: Sich an das Zusammensein mit mehreren Kindern gewöhnen (Vorbereitung auch auf den Kindergarten).

Sicher haben Sie sich schon erkundigt, wann Ihr Kind in den Kindergarten gehen kann (andernfalls sollten Sie es bald anmelden wegen möglicher «Wartelisten»). Die Erfahrungen, die es dort im Zusammensein mit anderen Kindern sammelt, können Sie zu Hause nicht ersetzen.

Der ganztägige Kindergartenbesuch ist nur dann zu empfehlen, wenn die Erzieherin gut auf die Kinder eingeht, wenn die Gruppe nicht zu groß ist und wenn auch die Vorbereitung auf die Schule vorgesehen ist. Sonst sollten Sie den Halbtagsbesuch für das vierte bis sechste Lebensjahr vorziehen, weil er Ihrem Kind mehr individuellen Spielraum und bessere Entfaltungsmöglichkeiten gibt. Eine, allerdings nicht billige,

Alternative ist der Besuch eines Eltern-Initiativ-Kindergartens: Dort ist die Anzahl der Kinder pro Gruppe und pro Erzieher/in in der Regel besonders günstig.

Der Kindergarten wird Ihrem Kind auch den Übergang und Eintritt in die Schule wesentlich erleichtern: Es kennt schon einige Kinder (dadurch ist die ungewohnte Atmosphäre leichter zu bewältigen), und es ist bereit, in einer Gruppe angesprochen zu werden.

Bereiten Sie Ihr Kind, falls Sie keinen Kindergartenplatz bekommen, so auf das Zusammensein mit mehreren Kindern vor: Gehen Sie öfter zum Spielplatz, wenn dort andere Kinder anwesend sind, laden Sie Kinder zu Spielnachmittagen, zum Kindergeburtstag, Kinderfasching usw. möglichst oft nach Hause ein, und lassen Sie Ihr Kind umgekehrt an allen Einladungen teilnehmen.

** Ziel: Einige typische soziale Verhaltensweisen kennen und verstehen.

Das Zusammenleben von Menschen ist durch verschiedene, teils nützliche, teils entbehrliche Konventionen, Übereinkünfte und Normen bestimmt und geregelt. Ein Kind braucht lange, bis es auch nur einige dieser Gebräuche selbstverständlich übernimmt: grüßen, danken, verabschieden, ausreden lassen, zuhören, antworten usw.

Über den Sinn einiger Verhaltensweisen können Sie gut mit Ihrem Kind sprechen. Weisen Sie zum Beispiel darauf hin, daß ein Verhalten nicht überall in der gleichen Weise üblich ist, weil Sitten und Gebräuche in verschiedenen Familien, sozialen Gruppen und Ländern voneinander abweichen. (Dieser Gesichtspunkt sollte übrigens auch Sie davor schützen, Ihre eigenen Maßstäbe Ihrem Kind auf allen Gebieten aufzudrängen und entsprechend auf der Einhaltung «Ihrer» Regeln zu bestehen.)

Erklären Sie Ihrem Kind, wie Konventionen das Zusammenleben erleichtern, daß zum Beispiel ältere Leute das Nichtgrüßen unter Umständen als eine Beleidigung auffassen und dann weniger zu Freundlichkeiten neigen oder gar gekränkt sind.

** Ziel: Das Verhalten älterer Menschen, die von anderen Normen geprägt sind, akzeptieren und sich darauf einstellen.

In den letzten Jahrzehnten haben sich viele Anschauungen und Verhaltensweisen geändert. So haben beispielsweise die Großeltern Ihres Kindes sicher wesentlich andere Vorstellungen über das «Benehmen» als Sie. Teilweise tragen sie an Ihr Kind Erwartungen heran, die es nicht befriedigen wird, weil bereits Sie, die Eltern, diese Erwartungen nicht wirklich billigen.

Geben Sie deshalb Ihrem Kind vor Verwandtenbesuchen ruhig einige Verhaltenstips: «Sei bitte nicht so furchtbar laut, und gib die

Hand beim Guten-Tag-Sagen. Oma und Opa freuen sich darüber.» Durch dieses kleine Entgegenkommen – den Hinweis auf bestimmte «Verhaltenstechniken» –, das Sie Ihrem Kind nahelegen, erreichen Sie vielleicht eine bessere Beziehung zwischen Großeltern und Enkelkind, die für alle Beteiligten befriedigend ist.

Allerdings sollten Sie auch von den Großeltern ein teilweises Abrücken von ihren Gewohnheiten erwarten. Insbesondere dort, wo es um prinzipielle Fragen der Erziehung geht, sollten Sie die Großeltern dazu bringen, das Kind nicht mit Erwartungen zu belasten, die Sie nicht mehr nachvollziehen wollen.

Der liebevolle Umgang mit der Puppe kommt auch Ninas Freunden und Freundinnen zugute.

ÜBERSICHTEN

Literatur

BAMBACH, H., u. a.: Anregungen I: Zur pädagogischen Arbeit im Kindergarten. München 1974

Bayerisches Staatsministerium für Wirtschaft und Verkehr (Hg.): Verbrauchertips von A–Z. München 1988

BECK, U.: Die Risikogesellschaft. Auf dem Weg in eine andere Moderne. Frankfurt/M. 1986

BELSER, H., u. a.: Curriculum-Materialien für die Vorschule. Weinheim 1973

BORNHAUPT, B. v., und HURRELMANN, K.: Kinder im Streß? Weinheim 1991

BRACK, U. B. (Hg.): Frühpädagogik und Frühtherapie. Psychologische Behandlung von entwicklungs- und verhaltensgestörten Kindern. München 1986

Bundeszentrale für gesundheitliche Aufklärung (Hg.): Selbsthilfe für Eltern. Köln 1983

Bundeszentrale für gesundheitliche Aufklärung (Hg.): Kinderspiele. Anregungen zur gesunden Entwicklung von Kleinkindern. Köln 1983

CANZIANI, W., und HINTERMANN, E.: Was tun, wenn mein Kind ...? Zürich 1990

Der Paritätische Wohlfahrtsverband Bayern (Hg.): Soziales Netz Kinderbetreuung. München 1991

Der Bundesminister für Bildung und Wissenschaft (Hg.): Grund- und Strukturdaten 1991/92. Bad Honnef 1991

Deutsche Arbeitsgemeinschaft Selbsthilfegruppen e. V. (Hg.): Selbsthilfegruppen-Förderung. Gießen 1987

Deutscher Verein für öffentliche und private Fürsorge (Hg.): Tageseinrichtungen für Kinder – eine Aufgabe der Jugendhilfe. Frankfurt/M. 1990

Deutscher Bildungsrat (Hg.): Empfehlungen der Bildungskommission. Strukturplan für das Bildungswesen. Bonn 1970

Deutsches Jugendinstitut e. V. (Hg.): Wie geht's der Familie? München 1988

DÜHRSSEN, A.: Psychogene Erkrankungen bei Kindern und Jugendlichen. Göttingen 1971

EBERT, S. (Hg.): Zukunft für Kinder. Grundlagen einer übergreifenden Politik. München 1991

ELHARDT, S.: Tiefenpsychologie. Eine Einführung. Stuttgart 1971

ENDRES, W.: Geschwister... Weinheim und Basel: Beltz 1987

ERIKSON, E. H.: Kindheit und Gesellschaft. Stuttgart 1965

Evangelische Bundesarbeitsgemeinschaft für Sozialpädagogik im Kindesalter (Hg.): Dokumentation. Symposion Kinder – Kirche – Zukunft. Stuttgart 1988

GESELL, A.: Säugling und Kleinkind in der Kultur der Gegenwart. Bad Nauheim 1967

Gewerkschaft Öffentliche Dienste, Transport und Verkehr (Hg.): Mehr...

für Kinder. Anstöße zur Reform der öffentlichen Kinderbetreuung. Stuttgart 1990

GLATHE, B.: Gymnastik für Mutter und Kind. München 1972

GRÜNEISL, G., und ZACHARIAS, W.: Die Kinderstadt. Eine Schule des Lebens. Handbuch für Spiel, Kultur, Umwelt. Reinbek 1989

HARBAUER, H., u. a.: Lehrbuch der speziellen Kinder- und Jugendpsychiatrie. Berlin 1971

HAUFF, E. B.: Stadt und Lebensstil. Weinheim 1988

HURLOCK, E. B.: Die Entwicklung des Kindes. Weinheim 1972

KLEINSCHMIDT, G. (Hg.): Vorschule. Döffingen 1972

KLÖCKNER, M., und TWORUSCHKA, U. (Hg.): Miteinander – was sonst? Multikulturelle Gesellschaft im Brennpunkt. Köln–Wien 1990

KOHNSTAMM, R.: Praktische Kinderpsychologie. Die ersten 7 Jahre. Eine Einführung für Eltern, Erzieher und Lehrer. Bern 1985

KUHLEN, V.: Verhaltenstherapie im Kindesalter. Grundlagen, Methoden und Forschungsergebnisse. München 1976

KÜNTZEL-HANSEN, M.: Musik mit Kindern. Stuttgart 1973

LÖSCHER, W.: Riech- und Schmeckspiele. München 1987

MANDERSCHEID, H.: Kirchliche und gesellschaftliche Interessen im Kindergarten. Freiburg 1989

MEINERZHAGEN, M./ECKHARDT, N.: Der Öko-Berater für Eltern. Reinbek 1989

Meyers Lexikonredaktion (Hg.): Meyers großes Taschenlexikon in 24 Bänden. Mannheim 1990

MIETZEL, G.: Pädagogische Psychologie. Göttingen 1975

MILLER, A.: Am Anfang war Erziehung. Frankfurt/M. 1987

Ministerium für Arbeit, Gesundheit und Soziales des Landes Nordrhein-Westfalen (Hg.): Sicherheitslexikon für alle Haushalte. Düsseldorf 1988

MÖCKLINGHOFF-VORMWEG, R., und STRÄTZ, R.: Natur und Kinderspiel. Köln 1991

MÖRSBERGER, H., MOSKAL, E., und PFLUG, E. (Hg.): Der Kindergarten. Handbuch für die Praxis in drei Bänden. Freiburg/Basel/Wien 1978

MÜLLER-KALDENBERG, R.: Mütter mit Beruf. Balance zwischen Kindern, Partnern und Kollegen. Reinbek 1990

MUSSEN, P. H., u. a.: Essentials of Child Development and Personality. Cambridge u. a. 1980

NAVE-HERZ, R. (Hg.): Wandel und Kontinuität der Familie in der Bundesrepublik Deutschland. Stuttgart 1988

OERTER, R./MONTADA, L. (Hg.): Entwicklungspsychologie. München und Weinheim 1987

OTT, E., und LEITZINGER, H.: Ihr creatives Kind. Stuttgart 1972

PAINTER, G.: Baby-Schule. Reinbek 1975

PALITZSCH, D. (Hg.): Pädiatrie. Stuttgart 1990

PETERSEN, G.: Kinder unter 3 Jahren in Tageseinrichtungen. Band 1: Grundfragen der pädagogischen Arbeit in altersgemischten Gruppen. Köln 1989

PEUKERT, K. W.: Sprachspiele für Kinder. Stuttgart 1972

POSTMAN, N.: Das Verschwinden der Kindheit. Frankfurt/M. 1990

Presse- und Informationsdienst der Bundesregierung: Politik für die Familie. Bonn 1990

RICHTER, H. E.: Eltern, Kind und Neurose. Reinbek 1971

ROLLE, J., und KESBERG, E.: Medienwelt = Kinderwelt? Köln 1991

ROTH, H. (Hg.): Begabung und Lernen. Gutachten und Studien der Bildungskommission des Deutschen Bildungsrates 4. Stuttgart 1969

SAGI, A.: Verhaltensauffällige Kinder im Kindergarten. Ursachen und Wege zur Heilung. Freiburg 1982

SCHENK-DANZINGER, L.: Entwicklungspsychologie. Wien 1987

SCHMIDTCHEN, S.: Kinderpsychotherapie. Stuttgart 1989

SCHNEEWIND, K. A., u. a.: Eltern und Kinder. Stuttgart 1983

SCHREIBER, M.: Linkshändige Kinder (I) und (II). Kindergarten heute. 1988 (18), 4, 172–176 und 1988 (18), 5, 19–24

SEITZ, R.: Zeichnen und Malen mit Kindern. Ravensburg 1972

Sinus-Institut im Auftrag des Bundesministers für Jugend, Familie und Gesundheit: Die verunsicherte Generation. Jugend und Wertewandel. Opladen 1983

SPEICHERT, H./SCHÖN, B.: (Hg.): Das rororo Elternlexikon. Reinbek 1988

Stadt Nürnberg (Hg.): Sozial-Atlas 91/92. Stadtwegweiser für Bürger und soziale Dienste. Nürnberg 1991

STEUER, H.: Spielen in der Stadt auf Straßen, Plätzen und Hinterhöfen. Reinbek 1983

STRÄTZ, R., und GLOTH, V.: Spiel – Platz. Zur Gestaltung des Außengeländes von Kindergärten. Köln 1991

TAUSCH, R., und TAUSCH, A. M.: Erziehungspsychologie. Göttingen 1965

TEXTOR, M. R.: Familien: Soziologie, Psychologie. Eine Einführung für soziale Berufe. Freiburg i. Breisgau 1991

ULICH, M., und OBERHUEMER, P. (Hg.): Es war einmal, es war keinmal... Ein multikulturelles Lese- und Arbeitsbuch. Weinheim 1985

ZEILE, E. (Hg.): Ich habe ein behindertes Kind. München 1988

ZIMMER, J., u. a.: (Hg.): Erziehung in früher Kindheit. Band 6: Enzyklopädie Erziehungswissenschaft. Stuttgart 1985

Weitere Hinweise

♦ Weiterführende Lernspiel-
Anregungen sind unter anderem
den letzten Jahrgängen folgender
Zeitschriften zu entnehmen:

Unsere Kinder. Fachzeitschrift für
Kindergarten- und Kleinkind-
pädagogik. Österreichische
Caritaszentrale (Hg.)
Kindergarten heute. Zeitschrift für
Erziehung im Vorschulalter.
Verlag Herder GmbH & Co. KG
(Hg.)
Spielen und Lernen. Beilage: spiel
mit. Für alle Kinder, die gern
spielen und lernen. Velber Verlag
GmbH (Hg.)

♦ Zur weiteren Orientierung über
Pädagogik, Psychologie und
Aktuelles:

Kinderzeit. Sozialpädagogische
Blätter. Pestalozzi-Fröbel-
Verband und B&B GmbH
ELTERN. Gruner & Jahr (Hg.)

Bildquellen

Berger, Stella; Olching; S. 23 oben
rechts, 38, 55 unten, 60, 67, 116, 117,
118, 142, 145, 163, 167, 169, 175
oben, 185, 195, 203 oben rechts, 207

Diekmeyer, Ulrich; Kirchheim; S.
11, 19, 20 unten, 23 oben links, 25,
32, 42, 43, 55 oben, 59, 110, 113,
115, 131, 161, 180 oben, 188, 189,
203 oben links, 203 unten, 210

Fiebig, Jochen; München; S. 1, 14,
20 oben, 23 unten, 31, 34, 35, 40, 47,
49, 62, 63, 134, 137, 143, 154, 159,
175 unten, 179, 180 unten, 182, 193,
198, 199

Diese Firma hat uns freundlicher-
weise Artikel für Fotos geliehen:
Obletter, Spielwaren, München

Register

218 Übersichten